道徳の主題 深く考える ワークシート 第3巻

有名教材で議論する授業《5・6年編》

保坂雅幸　青野翔／植木和樹／小島庸平／田中悠貴 著

学芸みらい社
GAKUGEI MIRAISHA

■本書の使い方■

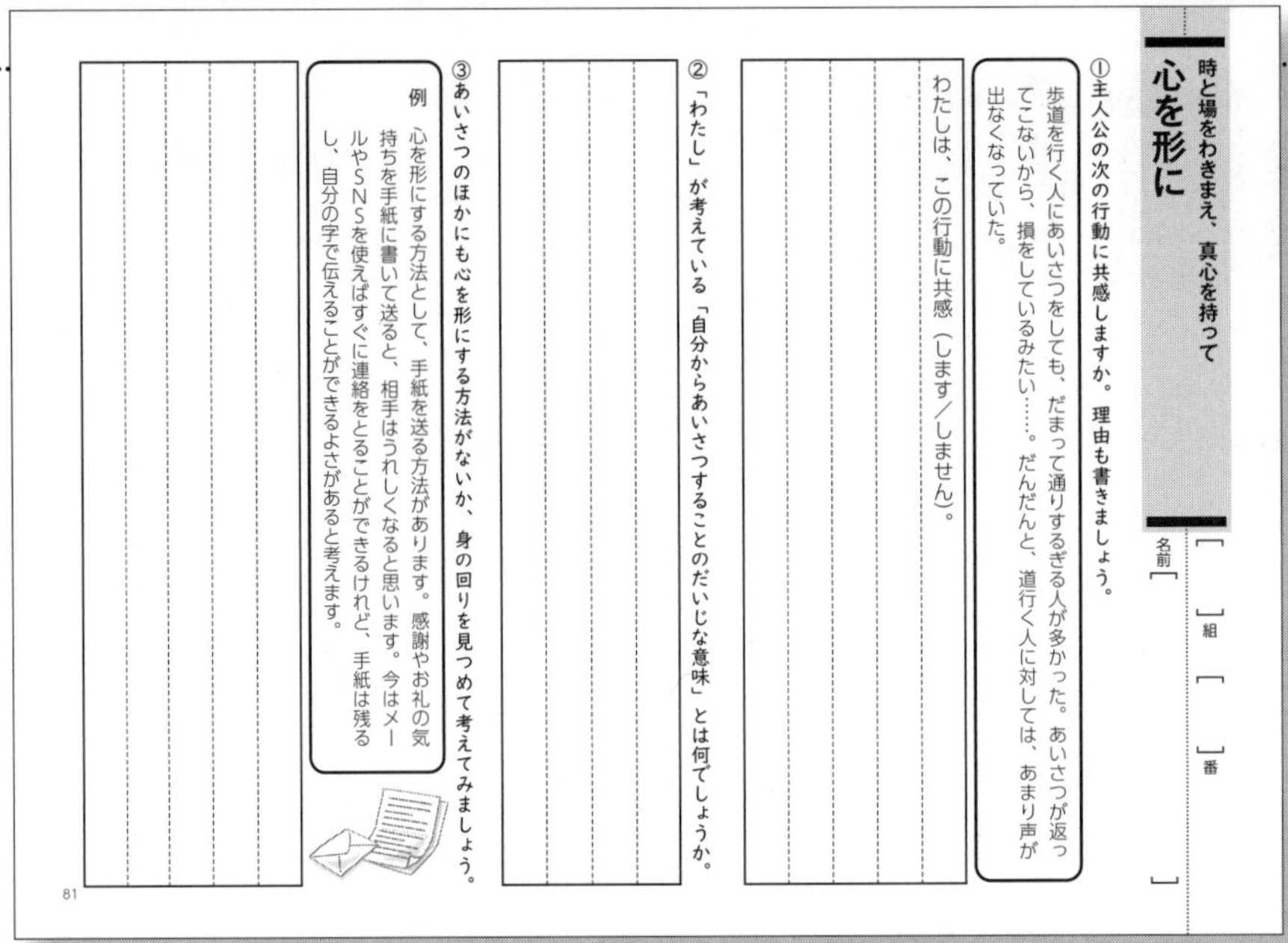

時と場をわきまえ、真心を持って

心を形に

名前［　　］［　　］組［　　］番

①主人公の次の行動に共感しますか。理由も書きましょう。

歩道を行く人にあいさつをしても、だまって通りするぎる人が多かった。あいさつが返ってこないから、損をしているみたい……。だんだんと、道行く人に対しては、あまり声が出なくなっていた。

わたしは、この行動に共感（します／しません）。

②「わたし」が考えている「自分からあいさつすることのだいじな意味」とは何でしょうか。

③あいさつのほかにも心を形にする方法がないか、身の回りを見つめて考えてみましょう。

例　心を形にする方法として、手紙を送る方法があります。感謝やお礼の気持ちを手紙に書いて送ると、相手はうれしくなると思います。今はメールやSNSを使えばすぐに連絡をとることができるけれど、手紙は残し、自分の字で伝えることができるよさがあると考えます。

81

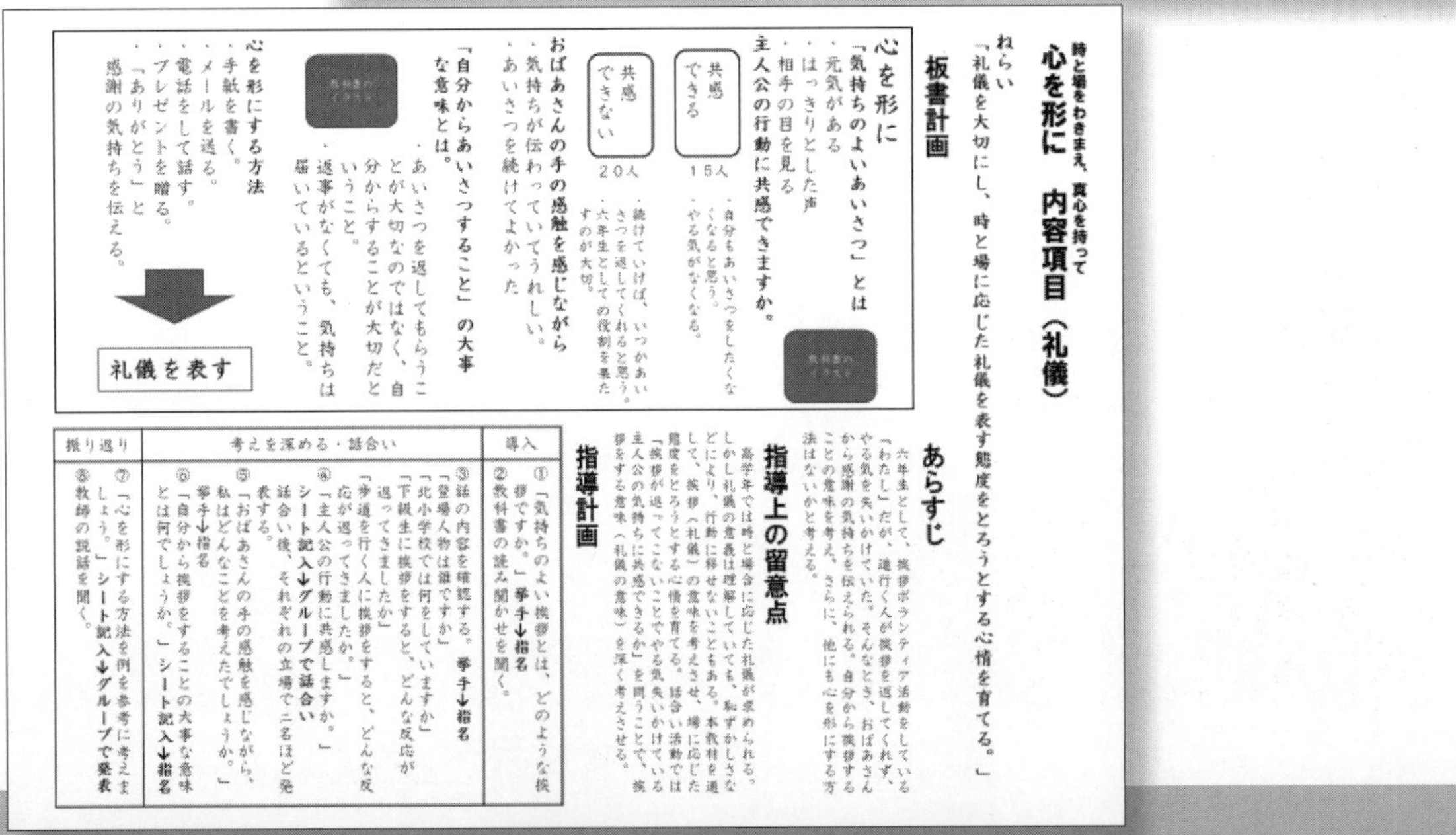

時と場をわきまえ、真心を持って

心を形に　内容項目（礼儀）

ねらい

「礼儀を大切にし、時と場に応じた礼儀を表す態度をとろうとする心情を育てる。」

板書計画

心を形に

「気持ちのよいあいさつ」とは
・元気がある
・はっきりとした声
・相手の目を見る

主人公の行動に共感できますか。

共感できる　15人
・自分もあいさつをしたくなくなると思う。
・やる気がなくなる。

共感できない　20人
・続けていけば、いつかあいさつを返してくれると思う。
・六年生としての役割を果たすのが大切。

おばあさんの手の感触を感じながら
・気持ちが伝わっていてうれしい。
・あいさつを続けてよかった

「自分からあいさつすること」の大事な意味とは。
・あいさつを返してもらうことが大切なのではなく、自分からすることが大切だということ。
・返事がなくても、気持ちは届いているということ。

心を形にする方法
・手紙を書く。
・メールを送る。
・電話をして話す。
・プレゼントを贈る。
・「ありがとう」と感謝の気持ちを伝える。

礼儀を表す

あらすじ

六年生として、挨拶ボランティア活動をしている「わたし」だが、道行く人が挨拶を返してくれず、やる気を失いかけていた。そんなとき、おばあさんから感謝の気持ちを伝えられる。自分から挨拶することの意味を考え、さらに、他にも心を形にする方法はないかと考える。

指導上の留意点

高学年では時と場合に応じた礼儀が求められる。しかし礼儀の意義は理解していても、恥ずかしさなどにより、行動に移せないこともある。本教材を通して、挨拶（礼儀）の意味を考えさせ、場に応じた態度をとろうとする心情を育てる。話合い活動では「挨拶が返ってこないことでやる気失いかけている主人公の気持ちに共感できるか」を問うことで、挨拶をする意味（礼儀の意味）を深く考えさせる。

指導計画

導入	考えを深める・話合い	振り返り
①「気持ちのよい挨拶とは、どのような挨拶ですか。」挙手→指名 ②教科書の読み聞かせを聞く。	③話の内容を確認する。挙手→指名 「登場人物は誰ですか」 「北小学校では何をしていますか」 「下級生に挨拶をすると、どんな反応が返ってきましたか」 「歩道を行く人に挨拶をすると、どんな反応が返ってきましたか。」 ④「主人公の行動に共感しますか。」シート記入→グループで話合い 話合い後、それぞれの立場で二名ほど発表する。 ⑤「おばあさんの手の感触を感じながら、私はどんなことを考えたでしょうか。」挙手→指名 ⑥「自分から挨拶をすることの大事な意味とは何でしょうか。」シート記入→指名	⑦「心を形にする方法を例を参考に考えましょう。」シート記入→グループで発表 ⑧教師の説話を聞く。

・印刷して活用・

本書を印刷してそのまま教室で配付してください。

・指導計画等ダウンロード・

QRコードから「①板書計画　②あらすじ　③指導上の留意点④指導計画」が書かれたシートがダウンロードできます。指導の参考にしてください。

5年１学期

5年２学期

5年３学期

6年１学期

6年２学期

6年３学期

本書は「考える道徳」「議論する道徳」に対応するためのワークシート集である。特徴は以下の二点だ。

①教科書の発問に加えて「話合う発問」「議論する発問」を入れた。
②指導案をＱＲコードからダウンロードできるようにした。

①について

道徳の教材の最後には必ず発問が掲載されている。その発問に加えて、オリジナルの発問を入れた。次のような発問である。

・「主人公の行動に共感できますか」
・「ＡさんとＢさん、どちらの考えに共感できますか」
・「この話で一番心に残ったことは何ですか」
・「あなたが主人公と同じような状況になったら、どのような行動をしますか」

例えば「この話で一番心に残ったことは何ですか」と発問すると、児童はそれぞれ考えをもつだろう。「選んだところと理由をグループで発表し合いなさい」と指示すると、それぞれの価値観で意見交流がなされる。自分の考えを伝え、同時に他の人の考えも知る。そこから討論につながる場合もあるだろう。今回のワークシートは、このような「いろいろな考えを知る」ということを重視している。また、日々道徳の授業をする中で「こんな理想通りにいかないな」と感じたことはないだろうか。例えば「クラス内でいじめがある」という教材を授業する際、誰もが「いじめは許されないことである」「気がついた時点で、注意しなければならない」ことはわかっている。一方「いじめている相手の力が強くて、なかなか行動に移せない」「注意をしたら、今度は自分がやられるのではないか」そう考えるのも人間である。「わかっているけれど、行動に移すのは難しい」人間の弱いところかもしれないが、それも現実である。「自然をいつまでも残していくのは大切であるが、開発は進めなくてよいのだろうか」「正直に言わなくてはいけないのはわかっているが、同じ状況になったときに言えるのだろうか」こうした葛藤を引き出す発問も多く掲載した。

本書の教材は、光村図書と東京書籍のものをまとめた。重複単元もそれぞれの教科書に合わせて作成した。

②について

安定した授業をするためには、授業の流れや板書計画、指導のポイントを知っておく必要がある。ＱＲコードから指導案をダウンロードできるようにしてあるので、授業の前に確認してほしい。

本書は青野翔先生、植木和樹先生、小島庸平先生、田中悠貴先生とともに作成した。「道徳本作成チーム」として、すべての教材で、即使えるワークシートを作成してくれた。この四名がいたからこそ、本書を出版することができた。

また、学芸みらい社の樋口雅子氏には、具体的なシートの内容から、構成まで本当に多くのご指導ご助言をいただいた。私のような未熟な教師に、本の執筆の機会をいただいていることを心から感謝している。ありがとうございました。

最後に、拙著「国語ワークシート集」が大変好評で重版されている。私は教材を作るのが好きである。これまでにも様々な教材を作成してきたが、それは目の前の子供たちだけのためであった。しかし今は違う。出版という機会を与えていただき、全国の教室で活用していただくことを想定して作成している。

教師として、自分の作成した教材を活用していただいていること、こんなにうれしいことはない。本書が皆様の日々の授業に役立つものになることを心から願っている。

令和五年五月一日　保坂　雅幸

目次

6年生編

4月

5月

6月

7月

目次

[　　]組　[　　]番

名前[　　　　]

多くのささえに感謝し、それにこたえる「ありがとう上手」に

①「わたし」がなりたいと思った「ありがとう上手」な人とは、どんな人でしょう。

②主人公の次の思いに共感しますか。

デパートなどでトイレを使わせてもらったとき、そうじの人とすれちがっても、なかなか「ありがとうございました」とは言えない。でも、わたしたちの気づかないところで、みんなのためにいっしょうけんめい仕事をしてくれている人たちにこそ、言いたいと思う。

わたしは、この思いに共感（します／しません）。

③今まで、家族や多くの人のささえ合いであなたの生活が成り立っていることを感じたことはありますか。

例　この間、習い事のプールから帰ってきたわたしに、お母さんが「今日もがんばったね」と言って、わたしの好きなご飯を作ってくれました。そのご飯を食べて、次もがんばろうと思ったので、わたしは、お母さんにささえられていると感じました。

なりたい自分に

いつも全力で～首位打者イチロー

[　　]組[　　]番

名前[　　　　　]

①イチロー選手が、「試合に出ないくふう？　なんで、そんなことをしないといけないんですか？」と言ったのは、どんな思いからでしょうか。

②イチロー選手が史上最高打率の達成というプロ野球選手にとって最高のくんしょうではなく、全試合に出場することを選んだ考えに共感しますか。

わたしは、イチロー選手の考えに共感（します／しません）。なぜなら、

③くじけそうになったけれど、全力をつくして最後までやりぬこうとしたけいけんはありますか。

例　逆上がりがなかなかできなくて、やめようと思いました。でも、友達がどんどんできるようになる姿を見て、最後までがんばってみようと何度もちょうせんしました。これからも、できるようになるまで全力をつくそうと思います。

せいじつに明るい心で

見えた答案

［　　］組［　　］番

名前［　　　　　　　　　　　］

①花子は、なぜ「こんなことは、もう二度としてはいけない。」と思ったのでしょうか。

②あなたが花子と同じじょうきょうになったら、どの行動をとりますか。一つ選んで、自分の考えを書きましょう。

Ⓐ答案を見てしまったことを先生に言う。
Ⓑ答案を見てしまったことをよし子に言う。
Ⓒ答案を見てしまったことをだれにも言わない。

わたしは、（　　）の行動をとります。なぜなら、

③今までに正直に行動してよかったと思ったことがありますか。それはどんなことでしたか。

例　給食のかたづけで、お皿をわってしまった時に正直に「わたしがわりました。ごめんなさい」とあやまったことです。いけないことをしたのに、先生から「教えてくれてありがとう」と言われた時に、正直に行動してよかったと思いました。

夢をかなえるために

夢を実現するためには

名前［　　］［　　］組［　　］番

①大谷選手は、どんな思いで、「目標達成シート」に当時の夢を書きこんだのでしょう。

②大谷選手は、どうして夢を実現することができたのでしょう。

③どんな夢を実現するにも、強い心、練習を積み重ねる努力、目標に向かって具体的に考えて行動することは大切です。その中でも夢を実現するために、一番大切だと思うのはどれですか。理由も書きましょう。

わたしが、夢を実現するために一番大切だと思うのは、（強い心、練習を積み重ねる努力、目標に向かって具体的に考えて行動すること）です。理由は、

④あなたの目標達成シートを作成しましょう。達成したい目標を中央に書き、その目標を達成するために必要な行動で、周りをうめましょう。

例

自分からあいさつをする。	当番の仕事をわすれない。	時間を守る。
休み時間にみんなと遊ぶ。	みんなからたよりにされる。	委員会の仕事を進んでやる。
わからないことは、質問する。	家庭学習を1時間する。	授業で１時間に１回発言する。

節度を守って

流行おくれ

［　　］組［　　］番

名前［　　　　　　　　］

①わざと大きな足音を立てて自分の部屋へかけ上がっている時、まゆみは、どんなことを思っていたでしょう。

②母やわたるの言葉から、まゆみは、どんなことを考えたでしょう。

③あなたは、「わたしだけが流行におくれてしまうわ。」という、まゆみの気持ちにどのくらい共感できますか。０（共感できない）～５（とても共感できる）までの数値《すうち》に丸を付け、理由を書きましょう。

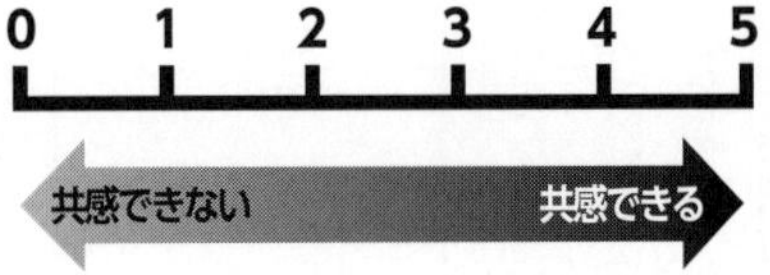

わたしは（　　　）にしました。
理由は、

④「節度ある生活」とは、どういうものでしょう。

例　節度ある生活とは、自分にとって本当に必要な物かを考えて買い物をすることだと考えます。これからは、必要な物かをよく考えて買い物をしたいです。

礼ぎとは

あいさつって

［　　］組［　　］番

名前［　　　　　　］

①母に、「きちんとあいさつもできないの？」と言われた「ぼく」は、どんなことを考えていたでしょう。

②「ぼくの知り合いでもないのに、なんであいさつをしなきゃいけないのだろう。」という「ぼく」の考え方に共感できますか。理由も書きましょう。

「ぼく」の考え方に共感（できます／できません）。なぜなら、

③通り過ぎていった男子にむっとした「ぼく」は、どんなことを思っていたでしょう。また、この前の土曜日のことを思い出した「ぼく」は、どんなことを考えたでしょう。

④「ぼく」がわかったような気がした「あいさつや礼ぎが大切なわけ」とは、どんなことでしょう。

例　「あいさつや礼ぎが大切なわけ」とは、相手のことを思いやる気持ちがあいさつにはこめられているということだと考えます。これからは、はずかしいと思ってもがんばってあいさつをしていきたいです。

自由とせきにん

遠足の子どもたち

【　】組【　】番
名前【　】

①かんびょうでつかれた「わたし」が、さわやかな気持ちになったのは、なぜだと思いますか。

②次の意見にあなたは賛成ですか。

車内でのルールを守れば、あとは自分で考えて何をしていてもよいと思います。

わたしは、（賛成です／反対です）。

③Ⓐ Ⓑどちらか選んで、自分の考えを書きましょう。

Ⓐ自由ばかり主張して、せきにんのある行動を取れなかったことはありませんか。それはどんなことでしたか。

Ⓑ「せきにんのある行動」とはどのような行動だと考えますか。

例
Ⓐお楽しみ会の企画を話し合った時、みんなが自由にやりたいことをやればよいと言っていたら、友達にやってほしかった「お笑い」担当になってしまいました。自分にとってお笑いははずかしいので、お楽しみ会当日に「できません」と言ってやりませんでした。

Ⓑ「責任のある行動」とは、相手のことも考えた行動だと考えます。お話のように、その場のマナーを守ったり、他の人にめいわくをかけないようにしたりすることが大切だと思います。

法やきまり、けんりとぎむ

駅前広場はだれのもの

名前［　　］組［　　］番［　　］

①駅前広場のきまりを守れなかった人、置かれた自転車をめいわくだと思っている人になりきって、気持ちを伝え合ってみましょう。

㋐駅前広場のきまりを守れなかった人

どんな気持ちで自転車を置いていってしまうのでしょうか。

㋑置かれた自転車をめいわくだと思っている人

どのようにこまっているのでしょうか。どんな気持ちなのでしょうか。

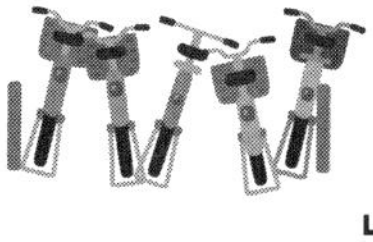

②駅前広場の自転車が、へってきているのはどうしてなのでしょうか。

③あなたの町でも駅前に多くの自転車が放置されていたとしたら、どのようなたいさくをとることが有効だと考えますか。一つ選んで、考えを書きましょう。

Ⓐマナーを守ることをよびかける。　Ⓑ何日間か置いてあったらかたづける。

Ⓒすぐにかたづける。

わたしは、（　　　　）のたいさくを取るのが有効だと考えます。なぜなら、

④きまりや約束は、だれのため、何のためにあるのでしょうか。

⑤きまりや約束が守られる学校や社会にするために、あなたはどんなことを心がけたいと思いますか。

例　わたしは、自分がすすんできまりを守る行動を取りたいと思います。高学年のわたしたちが行動することで低学年の子たちの手本となるからです。

お父さんは救急救命士

〔　　〕組　〔　　〕番　名前〔　　　　　　〕

①お父さんのあせを見た時、「わたし」はどんな思いがしたでしょう。

②あなたはどちらの考えに共感しますか。理由も書きましょう。

Aさん

仕事は自分のためにします。お金をもらって、好きなものを食べたり、買ったりする生活がしたいからです。

Bさん

仕事は社会やみんなのためにします。仕事をして、人に喜んでもらって、みんなが幸せな生活が送れることがうれしいからです。

わたしは、（　　　　）さんの考えに共感します。

③しょうらい、仕事をする時は、どんな気持ちで取り組みたいと思いますか。

例　しょうらい、仕事をするときは、前向きな気持ちで取り組みたいです。何事にもちょうせんし、仕事を頑張ろうと思います。

友達を思う心

友のしょうぞう画

名前［　　］組［　　］番［　　　　］

①章太からの返事が来なくなった時、どうして和矢は、手紙が書きづらくなってしまったのでしょう。

②手紙の返事が来なくなった時、あなただったら、どのような行動をとりますか。

わたしは、

③章太の作品を見てなみだがあふれた時、和矢は、どんなことを思っていたでしょう。

④家に帰って、和矢は章太に、どんな手紙を書いたでしょう。和矢になったつもりで手紙をかきましょう。

例

久しぶりだね。しばらく手紙を書いていなくてごめんね。全国院内学級絵画てんらん会を見に行ったよ。あまり手に力が入らないのにがんばっていてすごいと思ったよ。リハビリをがんばってまたいっしょにサッカーしようね。返事は無理しないでね。また手紙を書くよ。

自分の役割《やくわり》を果たす

わたしは飼育委員

［　　　］組［　　　］番

名前［　　　　　　　　　　　　］

①加菜は、なぜ「自分だけ損をしているような気がした」のでしょう。

②あなたは、加菜がしかたなく委員会の仕事をするすがたに、共感しますか。

わたしは、加菜に共感（できます／できません）。なぜなら、

③加菜の足取りを軽く感じさせたものは、何だったのでしょう。

④あなたは、クラスや学校の中で、どんな仕事を任されていますか。
また、その役割を果たすためには、どんなことが大切だと思いますか。

例　わたしは、体育委員会で体育の授業で使う道具の整理の仕事を任されています。その役割を果たすためには、まず時間におくれないことが大切です。これからも、予定をかくにんして仕事をしたいと思います。

よりよいきまりとは

公園のきまりを作ろう

［　　］組　［　　］番

名前［　　　　　　　　　　　　］

①公園の絵を見て、どんなところが気になりますか。書きましょう。

②あなたが一番いやだなと思う行動はどれですか。その理由も書きましょう。

わたしが一番いやだなと思うのは、（　　　　　　　　　　　）です。

理由は、

③②に書いたことを解決するためには、どうしたらよいと思いますか。

（　　　　　　　　　　　）を解決するためには、

④あなたがきまりを作る立場になったとき、きまりを守ってもらうために大事にしなければならないことは、どんなことだと思いますか。

例　わたしがきまりを作る立場になったとき、大事にしなければならないことは、何のためのきまりかを説明することです。説明すれば、なぜそのきまりがあるのか理解してくれる人が増えると思うからです。

ひさの星

［　　］組［　　］番
名前［　　　　　　　　］

①あなたは、ひさの行いのどんなところに心を動かされましたか。

②自分がケガをしたり命を落としたりするきけんがある場合でも人を助ける「ひさ」の行動に共感しますか。理由も書きましょう。

わたしは、ひさの行動に共感（します／しません）。なぜなら、

③あなたは、これまでに美しい心や行いに接して、どんな気持ちになりましたか。話し合ってみましょう。

例　友達のために何でも手伝ってくれる子が、わたしがこまっている時にも手伝ってくれて、「本当に助かった」と思いました。その時に、相手にしてもらった分、自分もお返しをしてあげたいという気持ちになりました。

差別やへんけんのない公正・公平なたいどで

転校生がやってきた

［　　］組［　　］番
名前［　　　　　　　］

①勇馬は、いじめについて、どんなことを考えて学級のみんなに話しかけたのでしょうか。

②「ぼく」へのいじめで一番許せないのはどれですか。次から選んで、理由を書きましょう。

Ⓐ「あんまりそばに来るなよ。めいわくなんだよ」と言う。
Ⓑ仲間外れにする。
Ⓒ冷たく無視をする。
Ⓓくつかくしをする。

わたしは、（　　）が一番許せません。なぜなら、

③いじめをなくすために必要なことは何だと思いますか。

例　いじめは絶対にいけないと言える勇気が大切だと思います。自分がされたらどうしようとか、だれかが助けるだろうと考えるのではなく、いじめは絶対にいけないことだとだれにでも発言していける勇気が必要です。悲しい思いをする人がいなくなるようにしていきたいです。

相手の立場に立って親切に

ノンステップバスでのできごと

［　　］組［　　］番
名前［　　　　］

①車いすのお兄さんとおじさんとの会話をじっと聞いていた和也は、自分をふり返って、どのようなことを考えたでしょうか。

②あなたの乗ったバスで車いすに乗っている人が乗車してきたら、あなたはどのような行動をしますか。次の中から選んで、理由を書きましょう。

Ⓐ運転手さんといっしょに手伝いをする。

Ⓑ場所だけあける。

Ⓒ ⒶⒷ以外の行動をする。

わたしは、（　　）の行動をとります。なぜなら、

③ⒶⒷどちらか選んで、自分の考えを書きましょう。

Ⓐだれかが、見ず知らずの人に親切にしているのを、あなたは見たことがありますか。それを見たときどう思いましたか。

Ⓑ「相手の立場に立った親切」とはどのようなことだと考えますか。

例

Ⓐ習い事の帰りの電車で、友達がにんぷさんに席をゆずっていたのを見ました。にんぷさんが「本当にありがとう」とお礼を言っている様子を見て、わたしも今度は席をゆずりたいと思いました。

Ⓑ「相手の立場に立った親切」とは、相手にとって必要なことを考え、行動することだと考えます。これからは、その時の様子や相手の立場をよく考えて、親切な行動ができるようにしていきたいです。

自然を守る

一ふみ十年

【　　】組　【　　】番　名前【　　　　】

①勇は、「一ふみ十年」の話を聞いて、どんなことを考えたでしょうか。

②あなたは、どちらの考えに共感しますか。理由も書きましょう。

Aさん

自然を残すことをゆうせんします。自然を元にもどすのに多くの時間が必要です。だからこそ、今の自然を大切にし、緑豊かでかんきょうにやさしい町でくらしたいからです。

Bさん

開発を進めて、便利さをゆうせんします。大きな道路や、しせつを作ることでさまざまなことが便利になり今よりもくらしやすくなるからです。

わたしは、（　　　）さんの考えに共感します。

③あなたの町では、自然を守るためにどんなことをしていますか。

例　わたしの町では、川の周りにあるゴミ拾いや落ち葉はきをしています。ゴミや落ち葉で川の周りにある植物がよごれ、その結果、川もよごれてしまうからです。これからわたしは、毎月の清そう活動に参加したいと思います。

相手の立場を

すれちがい

［　　］組　［　　］番

名前［　　　　　　　　］

①待ち合わせ場所で会えなかった時、マミとえり子は、それぞれどんなことを考えていたでしょう。

②マミとえり子がすれちがわないためには、どの場面のどの行動を変えればよいですか。それぞれの立場から考えましょう。

マミさん

（　　　　　　　）場面で、

えり子さん

（　　　　　　　）場面で、

③書道教室で顔を合わせたとき、マミとえり子は、どうすればよかったのでしょう。演じてみましょう。

④「すれちがい」を解決するために大切なことは、何でしょう。

例　「すれちがい」を解決するために大切なことは、話し合うことだと思います。けんかをしても仕方がないし、もともと、ごかいから始まることが多いと思うからです。これからは、私も友達と話し合ってなっとくできるようにしたいです。

［　　］組［　　］番　名前［　　　　］

公正・公平な態度とは

どうすればいいのだろう

①「ぼく」は今、どんな気持ちでいると思いますか。あなたが「ぼく」だったら、どうしますか。

②「ぼく」の行動に、あなたは共感できますか。０（共感できない）～５（とても共感できる）までの数値《すうち》に丸を付け、理由を書きましょう。

0　1　2　3　4　5

共感できない ⟷ 共感できる

わたしは（　　　）にしました。理由は、

③「わたし」は、どうして迷っているのでしょう。あなたが「わたし」だったら、どうしますか。

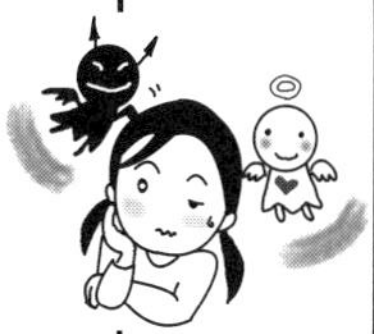

④あなたにも、こうしたほうがいいと思っているのに、行動できなかったことはありませんか。その時、どうして「できなかった」のかを考えて書きましょう。

例　ドッジボールをしている時、ボールに当たっていたのにごまかしている子がいました。「アウトだよ」と言った方がよかったのに、言えませんでした。なぜなら、その子から責められると思ったからです。これからは、正しいことをきちんと言えるようにしたいです。

親切とは
道案内

[　　]組 [　　]番
名前[　　　　　]

①「やっぱり、いいことをした後は気持ちがいいなあ。」とうなずき合った時、「ぼく」と木村くんは、どんなことを考えていたでしょう。

②「ぼくたち、少し足りなかったのかな」と言った時、木村くんは、どんなことを考えていたでしょう。

③自分だったらどのように道案内をすればよいと考えますか。方法と理由を書きましょう。

自分だったら、

④親切な行いをする時に大切なことは、何だと思いますか。

例　親切な行いをする時に大切なことは、相手のことを考えるということです。教科書のように、相手がおばあさんだった時、地図をわたしても見えづらいことがあるからです。これからは、相手にとって何が一番よいか　考えて行動したいです。

命の詩―電池が切れるまで

［　　］組　［　　］番
名前［　　　　　　　　］

①あなたにとって「命」とは、どのようなものですか。

②「命」という詩で、ゆきなさんが伝えたかったことは、何でしょう。

ゆきなさんが伝えたかったことは、

③あなたにとって、「精いっぱい生きる」とは、どういう生き方をすることだと思いますか。次のうちから自分の考えと近いものを選び、理由を書きましょう。

（1）「時間を大切にすること」　（2）「物事に一生けん命取り組むこと」
（3）「人と仲良くすること」　（4）「その他（考えた意見を書きましょう）」

「精いっぱい生きる」とは、

④「命の詩」を通して、あなたが学んだことは何ですか。また、これからどのように生きていきたいと思いますか。

例　「命の詩」を通して、わたしが学んだことは、命はなによりも大切にしなければならないということです。精いっぱい生きるとは何か、みんなの意見を聞いてどの意見も大切だと思いました。これからも、もらった命を大切にして生きていきたいと思います。

かけがえのない生命

おばあちゃんが残したもの

名前〔　　　〕〔　　〕組〔　　〕番

①「ぼく」はどんな考えで、「おばあちゃんは今でもぼくの心の中で生きています。」と言ったのでしょうか。

②あなたの家族のだれかが、お話のおばあちゃんと同じような様子になったとき、どんなことをしてあげたいですか。理由も書きましょう。

わたしは、

③出された意見の中で、あなたが一番してあげたいことを一つ書きましょう。

④なくなった人が残したものについて、考えてみましょう。

例　なくなった人が残したのは「思い出」です。楽しかった思い出や注意された思い出がたくさんあります。特に注意されたことはよく覚えています。注意された時は、「どうして」と思っていたけれど、今考えるとわたしのために注意してくれたんだな、とわかります。その人がいなくても思い出は残っていくので、大切にしたいです。

集だんの中の自分の役わり

かれてしまったヒマワリ

［　　］組［　　］番
名前［　　　　　　］

①急いで花だんに向かっている時、「ぼく」はどんなことを考えていたでしょうか。

②委員会の仕事をおろそかにしてしまった「ぼく」の思いに共感しますか。しませんか。

最初のころは全部の仕事をやっていました。しかし、休み時間に友達からサッカーにさそわれたり、じゅくがあって学校に残れなかったりしました。校庭のすみまで行くのもめんどうになっておろそかになってしまいました。

わたしは、「ぼく」の考えに共感（します／しません）。

③あなたは集だんの一人として、自覚を持って（自分から）仕事をしてきたでしょうか。これまでをふり返ってみましょう。

例　わたしは美化委員会として月一回の教室のつくえやかべをきれいにする清そう活動を提案し、取り組んできました。学校がいつもきれいでみんなに気持ちよく生活してほしいと思っていたからです。これからもきれいな学校を目指して取り組んでいきたいです。

自然を大切に

一ふみ十年

［　　］組　［　　］番

名前［　　　　　　　　］

①「自然を大切に」と言われると、どんなことを思いうかべますか。

②「一ふみ十年」という言葉を知って、勇は、どんなことを考えたでしょう。

③お話を読んで、一番心に残ったことは何ですか。

お話を読んで、一番心に残ったことは（　　　　　　　　）です。

なぜなら、

④あなたは、自然はすごいな、すばらしいなと思ったことはありますか。それは、どんな時ですか。

例　わたしが自然はすごいなと思った時は、アサガオを育てた時です。秋にアサガオからたくさんの種がとれました。それを次の年に植えたら、またきれいな花が咲きました。命はつながっているんだと感じたからです。

すばらしさを感じる心

宇宙から見えたもの

名前【　】【　】組【　】番

①宇宙について知っていることは、どんなことですか。

②「宇宙から見えたもの」を読んで、いちばん心に残ったのは、どんなところですか。理由といっしょに発表しましょう。

③教科書のQRコードを読み取って宇宙について調べましょう。その中で、心に残ったことベスト3を決めましょう。

第一位

第二位

第三位

理由は、

④あなたは、美しいものやすばらしいものを見て感動したことがありますか。それは、どんな時ですか。

例　わたしが感動したことは、かいき月食を見たことです。かいき月食のときの月はふだんの月の様子とはちがって、赤く見えました。しんぴてきで心に残っています。

ペンギンは水の中を飛ぶ鳥だ

［　　］組［　　］番
名前［　　　　　］

①次から次へと出てくる問題をかいけつするために、坂東さんが大切にしたことはどんなことですか。

②業者から「水もれでもしたら、大きなじこになる」と言われたら、あなたならどうしますか。どちらか選んで理由を書きましょう。
Ⓐ説得する。
Ⓑあきらめる。

わたしは、（　　）の行動を選びます。なぜなら、

③自分のアイディアを生かした作品を考えたり、つくったりしたことがありますか。それはどんなことですか。

例　わたしは夏休みの宿題の自由研究で「アイス」をつくったことがあります。アイスクリームがとても好きなので、いろんなフルーツをミックスさせたオリジナルアイスをつくりました。おいしい組み合わせを自分で考えられてとても楽しかったです。

これって「けんり」?これって「ぎむ」?

【　　】組　【　　】番　名前【　　　　】

①村田さんとクラス全体、それぞれの「けんり」と「ぎむ」は何でしょうか。

②あなたが村田さんだったら、役を引き受けますか?ことわりますか?
どちらか選んで理由を書きましょう。

Ⓐ引き受ける。

Ⓑことわる。

わたしは、役を（引き受けます／ことわります）。なぜなら、

③学習発表会を成功させるために、クラスのみんなにとってだいじなことは何でしょうか。

例　わたしは、クラスみんなが相手の気持ちを考え、できることに取り組むことが大切だと思います。それぞれの思いがあるので、自分の考えをおし付けないで、まずは相手のことを考えます。そして、できることをいっしょに考えて取り組むことで、みんなの気持ちが一つになり、学習発表会が成功すると思います。

よりよく生きる喜び

そういうものにわたしはなりたい～宮沢賢治《みやざわけんじ》

［　　］組［　　］番　名前［　　　　　　　］

①「そういうものにわたしはなりたい」という言葉には、賢治のどんな思いがこめられているでしょうか。

②きびしい自然の中での生活を選んだり、病気になっても理想を追い続けたりした賢治の行動に共感しますか。理由も書きましょう。

わたしは、宮沢賢治の行動に共感（します／しません）。なぜなら、

③ⒶⒷどちらか選んで、自分の考えを書きましょう。

Ⓐこんなんや自分の弱さを乗りこえて、強くほこり高い生き方をした人、している人を知っていますか。

Ⓑ自分の弱さを乗りこえて、強く生きるために必要なことは何でしょうか。

例

Ⓐ車いすテニスプレーヤーの国枝しんご選手です。国枝選手は、パラリンピックが行われる少し前に、大きなケガをしましたが、毎日リハビリにはげんで、金メダルを取りました。わたしも目標に向かって努力を続けたいです。

Ⓑ努力を続けること、自信をもつことが大切だと思います。この二つを積み重ねていけば、きっと自分の弱さを乗りこえられると考えます。

家族の幸せのために

卵焼き

[　　]組　[　　]番

名前[　　　　]

①自分のために、父が、夜、遠いところまで行って卵を分けてもらい、母が卵焼きをつくってくれたことを知った時、由紀はどんな気持ちだったでしょう。

②由紀は、自分のために行動してくれたお父さん、お母さんに何をすればよいでしょうか。理由も書きましょう。

③出された意見の中で、「いいなあ」と思うものを一つ書きましょう。

④家族の一人として、家の人のために行動したことはありますか。

例　家族みんなの洋服をたたんでいます。洗たくし終わった洋服を小さくたたんで、タンスにしまっています。きれいにしまっておくと、家族から「ありがとう」と言われます。この言葉を言われるのがとても好きなので、これからも続けていきたいと思います。

安全に生活するために

自分の身は自分で守る

[　　]組　[　　]番

名前[　　　　　　]

①「自分の身は自分で守る」と心の中でくり返した「わたし」は、どんなことを考えていたのでしょう。

②「自分の身は自分で守る」という言葉は、事故を起こさないように気をつけることと、どんなところがつながっていますか。

③「自分の身は自分で守る」を読んで、自然災害から身を守ることと、事故から身を守ること、どちらをより気をつけていきたいと感じましたか。理由も書きましょう。

④あなたは、「自分の身は自分で守る」ために、どんなことに気をつけていきたいと思いますか。

例　わたしは、「自分の身は自分で守る」ために、交通ルールを守ることに気をつけていきたいです。歩いているときや自転車に乗る時など、見通しの悪い所は車が来ないか、人が通らないか特にかくにんしたいと思います。

ケンタの役割《やくわり》

名前［　　　］［　　　］組［　　　］番

①タクヤとミキの言い分や気持ちを整理しましょう。

	言い分や気持ち
タクヤ	・あした、地いきの陸上大会がある。
ミキ	・今日中にポスターを作って、はり終えなければならない。

②陸上大会、図書委員会の仕事、どちらも責任を果たすことが大切です。あなたは、両方の責任を果たすには、どうしたらよいと考えますか。

③ケンタのように、二つの役割の中で行動を決断しなければならない時、あなたは、どんなことを考える必要があると思いますか。

例　わたしは、二つの役割の中で行動を決断しなければならない時、断った仕事の方に、その時できないとしても、代わりの方法を伝えることが大切だと思います。できるだけめいわくをかけないよう考えていきたいです。

たがいに高め合いながら

ドッジボール対決

［　　］組［　　］番

名前［　　　　　　　　］

①都に「真くんのクラスの団結って、そういうものなの？」と言われた時、「ぼく」は、どんなことを考えたでしょう。

②このまま五年二組が一組の人と話さないことを続けた場合、失うものは何ですか。理由も書きましょう。

このまま五年二組が一組の人と話さないことを続けた場合、失うものは

（　　　　　　　　　　　　）だと考えます。

理由は、

③この後、「ぼく」は、クラスのみんなに、どんなことを話すと思いますか。

④おたがいを高め合うために大切なことは何ですか。

例　おたがいを高め合うために大切なことは、相手のことを認め、目標に向かってきそい合うことだと考えます。おたがいのよさを考えながら、たがいに力を高めていきたいです。

一人一人の命のすばらしさ

「同じでちがう」

[　　]組　[　　]番

名前[　　　　]

①あなたと友達との「同じでちがう」ところを見つけましょう。

②「ちがうからこそすばらしい世界ができる」のは、なぜでしょう。

③「同じでちがう」「ちがうけれど同じ」一人一人のよさをみとめる言葉として、あなたはどちらの方がよいと考えますか。選んだ理由も書きましょう。

わたしは、(同じでちがう／ちがうけれど同じ) がよいと考えます。

理由は、

④あなたは、生きていることの不思議さ、すばらしさを、どんな時に感じたことがありますか。

例　わたしは、去年こっせつをしてしまいました。その時、とてもいたくてなみだが止まりませんでした。しかし、一か月ほどたって病院に行くと、少しずつほねがくっつき始めていました。そのとき、生きているってすごいなと感じました。

国際理解、国際親善

「折り紙大使」～加瀬三郎《かせさぶろう》

[　　]組　[　　]番　名前[　　　　]

①加瀬さんは、どうして「折り紙をやってきて、ほんとうによかったなあ。」と思ったのでしょう。

②加瀬三郎さんの行動や言葉の中で、一番心に残ったことを書きましょう。

加瀬三郎さんの行動や言葉の中で、一番心に残ったことは、

③あなたは、外国の人々に日本のどんな文化を伝えて交流したいですか。

例　わたしは、日本の「おもてなし」の文化を伝えていきたいです。つねに相手のことを考え、相手に喜んでもらえることをする「おもてなし」の文化は、しているわたしたちも、とても気持ちが良いからです。これから外国の方と交流する機会があったら、相手が喜んでくれそうな「おもてなし」をしたいと思います。

時と場をわきまえ、真心を持って

オーストラリアで学んだこと

［　　］組［　　］番　名前［　　　　　　］

①小学生の「わたし」に、大人の人からあいさつしてくれたことについて、「わたし」はどんなことを考えたと思いますか。

②あなたが見知らぬ人にあいさつをされたら、どのような行動をとりますか。次の中から選んで、理由を書きましょう。

Ⓐあいさつする。　Ⓑあいさつはしない。　Ⓒおじぎだけをする。

わたしは、（　　）の行動をとります。なぜなら、

③あなたは、あいさつされて、すがすがしい気持ちになったことがありましたか。また、それはどんな時でしたか。

例　近所のおばあさんから「おはよう。今日も気持ちがいいね」とあいさつをされた時、すがすがしい気持ちになりました。「おはよう」だけではなく、「今日も気持ちがいいね」と言われたことで、近所のおばあさんがとても身近なそんざいになりました。わたしも「おはよう」だけではなく、もう一言入れたあいさつをしていきたいです。

みとめ合う心

名医、順庵《じゅんあん》

〔　　〕組〔　　〕番

名前〔　　　　〕

①孝吉の話を聞いて、順庵はどんなことを考えたでしょう。

②順庵の行動や言葉の中で、一番心に残ったことを書きましょう。

順庵の行動や言葉の中で、一番心に残ったことは、

③あなたは、今までに人のあやまちや失敗をゆるしたことがありますか。また、それはどんなことでしたか。

例　休み時間、つくえの上に置いてあったわたしの色えんぴつがゆかに落ちてしまい、それをふんだ友達が折ってしまいました。わざとではなかったので、「だいじょうぶだよ。」と伝えてゆるしてあげました。わたしがつくえの上に置いておいたのが悪かったたから。だれにでも失敗はあるので、これからも相手を責めずにゆるしてあげられる人になりたいです。

なりたい自分に

ベートーベン

[　　]組　[　　]番

名前[　　　　　　　　]

①「つらいことをよりつらく考えるのはよそう。」と思ったベートベンの心の中を考えてみましょう。

②ネーフェ先生の言葉で一番心に残った文を書きましょう。また、理由も書きましょう。

一番心に残ったのは、

③あなたはどんなゆめや希望を持っていますか。それをじつげんさせるために、どうしたらよいか話し合ってみましょう。

例　わたしのゆめは、保育士になることです。小さい子と遊ぶのが大好きで、大好きなことを仕事にしたいと思ったからです。ゆめをじつげんするために、相手の気持ちを考えるように行動しています。今何をしたいのか、どんなことをされるとうれしいと思うのかを考えることで、相手の気持ちによりそえる保育士になれると思うからです。

公正・公平な社会を目ざして

だれもが幸せになれる社会を

［　　］組　［　　］番

名前［　　　　　　　　］

①元かん者さんたちの宿はくを断ったホテルのどんな考えが、まちがっているのでしょう。

②きみ江さんは、どんな思いで、「人が同じあやまちをくり返さないよう」と言っているのでしょう。

③ハンセン病かん者へのあつかいで、一番ゆるせないと感じることはどれですか。丸を付けて、理由も書きましょう。

わたしが一番ゆるせないのは、（かくり政策《せいさく》、就職《しゅうしょく》や結こんを断わること、宿はくを断わること）です。なぜなら、

④「ハンセン病問題」を通して、だれもが幸せになれる社会とは、どのようなものなのか、また、そのような社会を実現するためには、どんなことが必要なのかを考えましょう。

例　だれもが幸せになれる社会とは、だれもが差別されることなく生活できる社会のことだと思います。そのような社会を実現するためには、本当に正しいことは何か、しっかり考える必要があります。これから、差別をしないためにも、自分で考えることを大切にしていきたいです。

分かり合うために

ブランコ乗りとピエロ

[　　]組 [　　]番

名前[　　　　　　　　]

①約束の時間をこえて演技を続けるサムを見ながら、ピエロは、どんなことを考えていたでしょう。

②あなたは、ピエロ「サム。アレキス様のサーカス見物は、～」とサム「またお説教か。スターが目立って、～」のどちらに共感できますか。理由も書きましょう。

わたしは、（ピエロ／サム）に共感します。なぜなら、

③団員たちの明るい笑い声に包まれた最終日がむかえられたのは、サムとピエロ、そして団員たちの心が、どのように変わったからでしょう。

④相手を理解するために大切なことは何でしょうか。

例　相手を理解するために大切なことは「話を聞くこと」だと考えます。なぜなら、自分と相手は考えや性格がちがうからです。相手が自分が当たり前だと思ってることを同じように考えるとは限りません。だから、相手の話を聞いて、何を考えているのかを知ることが必要だと考えます。

感謝の心をもって

水がわたる橋―通潤橋《つうじゅんきょう》

[　　]組　[　　]番　名前[　　　　]

①保之助が、水を引くことがむずかしい白糸の地に橋をかけることを決意したのは、どんな思いからだったのでしょう。

②人々が、今でも言い伝えている「この水は、命そのものだ。」という言葉には、どんな思いがこめられているでしょう。

③あなたの周りにある、地域《ちいき》の発展《はってん》につくした人が残してくれたものを探《さが》してみましょう。

【もの】

【調べたこと・説明】

④あなたはだれに、どんな感謝を伝えたいですか。

例　わたしが感謝を伝えたい人は、ごみしゅう集をしてくれる人たちです。暑い日にたくさんのゴミをかかえて、しゅう集車に積んでいるのを見ました。一けん分だけでも大変なのに、地いきをまわってたくさんのごみを集めてくれています。そのおかげで地いきがきれいに保たれていると考えると、とてもありがたいです。

責任ある行動とは

いこいの広場

［　　］組　［　　］番

名前［　　　　　　］

①二人の中学生がキャッチボールをしているのを見て、「ぼく」がなんとなく気になっていたのは、なぜでしょう。

②あなたは、二人の中学生に足りなかったのは、どのような考えだと思いますか。

③自分が中学生だったら、キャッチボールを続けますか。理由も書きましょう。

わたしは、キャッチボールを（続けます／続けません）。なぜなら、

④責任ある行動とは、どのような行動でしょうか。

例　わたしは、責任ある行動とは「自分で考えて決める行動」だと考えます。ルールとして決まっていないことでも、自分の行動が周囲の迷わくになっていることがあります。自分の行動が周囲にどんなえいきょうをもたらすかを考えて、行動することが責任ある行動だと考えます。

社会や公共のために役立つ

わたしのボランティア体験

［　　　］組［　　　］番

名前［　　　　　　　　　　　　　　　　　］

①ボランティア活動を体験して、「わたし」はどんなことを考えたでしょうか。

②「また、ボランティアしようよ。わたしたちにできることを。」と考えた「わたし」は何がきっかけで、ボランティアに対する考え方が前向きになったのでしょうか。

③Ⓐ・Ⓑどちらか選んで、自分の考えを書きましょう。

Ⓐあなたは、ボランティアの学習をしたことがありますか。そのとき、どんなことを思ったり、感じたりしましたか。

Ⓑあなたが取り組んでみたいボランティアを書きましょう。また、理由も書きましょう。

例Ⓐわたしは川の周りをそうじするボランティアをしたことがあります。川の周りのゴミは水をよごしている原因の一つなので、わたしたちの行いが環境をよくしていると思い、うれしくなりました。

Ⓑようち園や保育園で小さい子と関わるボランティアをしたいです。わたしが保育園に通っているとき、遊びに来てくれたお兄さんがいて、とてもうれしかったからです。

自分の生活を見直す

流行おくれ

名前［　　　　］組［　　　　］番［　　　　　　　　］

①しいんとした部屋で、まゆみはどんなことを考えたでしょう。

②まゆみが今一番直さなければいけないことはどんなことでしょうか。理由も書きましょう。

まゆみが一番直さないといけないことは、

③あなたは自分の持ち物を大切にしようとしていますか。大切に使い続けるためのひけつを、友達と話し合ってみましょう。

例　わたしが大切にしているのは家族が入学のお祝いで買ってくれた筆箱です。筆箱は、毎日使うので、よごしてしまったり、落としてしまったりします。わたしは、なるべくこのようなことにならないよう、学習中はつくえの中にしまうようにしています。これからも筆箱を大切にしていきたいです。

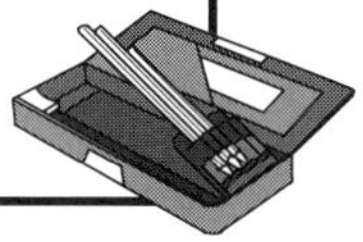

友じょうを深める

心のレシーブ

[　]組[　]番

名前[　]

①「良夫さんだって、がんばってる。」という直希の言葉を聞いて、陽子はどんなことを考えたでしょう。

②あなたが「ごめん。ぼくのせいで負けちゃった。」と言われたら、何と答えますか。理由も書きましょう。

③男子と女子がわかり合えてよかったと思ったことはありますか。それは、どんなことかを書いてから、話し合ってみましょう。

例　男子と女子がわかり合えてよかったことは、おたがいの得意なことを理解し合えて、サッカーの試合に勝てたことです。体育で先生から「得意なことを生かす作戦を立てよう」と言われました。その後の試合で男子も女子も得意なことを生かした役わりをしたら勝つことができました。これからもおたがいのよさを生かしていきたいです。

かけがえのない生命

コースチャぼうやを救え

[　　]組　[　　]番

名前[　　　　　]

①お話を読んで、一番心に残ったことは何ですか。理由も書きましょう。

お話を読んで、一番心に残ったことは、

②コースチャぼうやを救うために、多くの人々が協力したのは、どんな思いからでしょうか。

③あなたは自分や他人の生命を大切にしていますか。それはどんなことですか。

例　わたしは、家族の生命を大切にしています。生命を大切にするということは、いっしょにすごす時間を大切にするということだと考えています。事故や災害がおきると家族との時間がなくなってしまうかもしれないからです。

社会に役立つとは

クール・ボランティア

[　　]組 [　　]番

名前[　　　　　　　　]

① 「どうせやるなら、かっこいいほうがいい」と言った信二が思っていたボランティアとは、どんなものでしょう。

② 「これがクール・ボランティアだよ」と言われた信二は、どんなことを考えたでしょう。

③ ボランティア活動は、何のために行うのでしょう。理由も書きましょう。

わたしは、ボランティア活動は自分のためにやるものだと考えます。なぜなら、ボランティア活動をやることで、自分が人の役に立っていると感じることができるからです。

Aさん

わたしは、ボランティア活動は人のためにやるものだと考えます。なぜなら、自分が行動することで、相手の生活をよりよくする手伝いができるからです。

Bさん

わたしは、ボランティア活動は（自分のため／人のため）にやるものだと考えます。

なぜなら、

④ あなたはどんなことで社会の役に立ちたいでしょうか。

例　わたしは、しょう来医師になって病気やけがをした人を救うことで社会の役に立ちたいです。そのために健康に関することをこれから学んでいきたいです。

伝統や文化を守るために

曲げわっぱから伝わるもの

〔　　〕組〔　　〕番　名前〔　　　　　〕

①お母さんの言葉にしぶしぶうなずいた雪菜は、どんなことを考えていたでしょう。

②職人たちは、どんな思いで、「曲げわっぱの伝統をとだえさせてしまうわけにはいかない。」と考えたのでしょう。

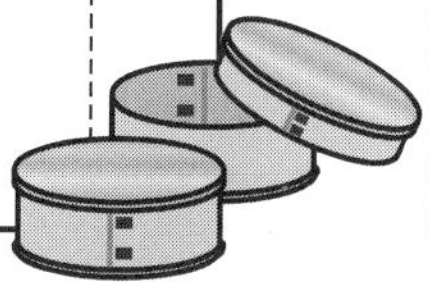

③伝統のあるものを残すこと、新しいものを開発すること、どちらが大切だと考えますか。

わたしは、伝統のあるものを残すことの方が大切だと考えます。なぜなら、これまで残っているのは価ちがあると思うので、そのよさを多くの人に知ってもらいたいからです。

わたしは、新しいものを開発することが大切だと考えます。なぜなら、伝統のあるものを残しておくよりも、今の時代に必要な新しいものが生活を豊かにするからです。

わたしは、（伝統のあるものを残す／新しいものを開発する）ことが大切だと考えます。

④あなたが守っていきたい伝統や文化は、どんなものですか。

例　わたしは「いただきます」のあいさつを大切にしていきたいです。食べ物やそれに関わる人たちに感謝を表す、すばらしい言葉だと思うからです。

真の看護を求めて―ナイチンゲール

［　　］組［　　］番　名前［　　　　］

①ナイチンゲールが兵士を救うために大事にしたことは、何でしょう。

②ナイチンゲールの「真実を追求しようとする強い思い」によって、何が変わったのでしょう。

③真実を追求することは、自分か他の人か、どちらのためになるのでしょうか。

私は、（自分のため／他の人のため）になると考えます。なぜなら、

④あなたは、真実を追求しようとする思いは、なぜ大切なのだと思いますか。

例　わたしは、真実を追求する思いは、自分を信じることにつながるから大切だと考えます。周りの意見を聞くことはもちろん大切ですが、自分が考えたことを追求し、真実がわかったときに、自分を信じることができると思います。

自分らしさを知る

「自分らしさ」を見つめよう

【　　】組【　　】番
名前【　　　　　】

①グループになって、それぞれの『自分らしさ』のまど」を完成させましょう。

【　　から見た　　さん】

【　　から見た　　さん】

【　　から見た　　さん】

【私が好きなことや得意なこと】

【私が変えたいと思っていること】

【気がついたこと・考えたこと】

②友達や自分のいいところを見つけ合う活動を通して、考えたことを発表しましょう。

③資料を読んで、「自分らしさ」を見つめることの大切さを考えてみましょう。

④これから大切にしていきたい、のばしていきたい「自分らしさ」を書きましょう。

伝統や文化を受けついで

正月料理

[　　]組　[　　]番

名前[　　　　]

①正月料理は、どうして日本の人々に受けつがれてきたのでしょうか。

②おせち料理の中であなたが一番大切にしたいと思ったものは何ですか。理由も書きましょう。

わたしがおせち料理で大切にしたいのは、

③食べ物以外に、日本に古くから伝わるものにどんなものがあるかについて話し合いましょう。

例　日本に古くから伝わるものに「折り紙」があります。折り紙は七世紀の初めに日本に伝わり、江戸時代には今の形とほぼ同じになったそうです。私は低学年のころ、学校でつるの折り方を教わりました。これからいろいろな物を折り紙でつくれるようになりたいです。

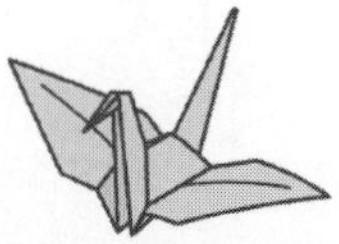

相手の立場に立って親切に

くずれ落ちただんボール箱

名前［　］［　］組［　］番

①「わたし」は、おばあさんのこまっている様子を見ながら、どんなことを考えたでしょうか。

②もしショッピングセンターから手紙が来なかったとしても、次にこまっている人を見かけたとき、「わたし」は親切にできるでしょうか。理由も書きましょう。

わたしは、親切に（できる／できない）と思います。なぜなら、

③ⒶⒷどちらか選んで、自分の考えを書きましょう。

Ⓐ人に親切にできたときや、したいと思ってもできなかったときの自分をふり返り、そのときの気持ちを考えてみましょう。

Ⓑこれから自分が人に親切にするとき、どんなことを大切にしていきたいと思いますか。

例　Ⓐ電車に乗っていときにお年よりに席をゆずることができませんでした。その場で声をかけられず、すごくモヤモヤしました。次は席をゆずりたいと思います。

Ⓑ人に親切にするときは、相手の気持ちをよく考えたいと思います。自分がよいと思ってしたことが実はめいわくだと思う人もいるので、相手の気持ちをよく考えて行動することを大切にしていきたいです。

家族のために

祖母のりんご

［　　］組　［　　］番

名前［　　　　］

①「朝子、悪かったな。（中略）おばあちゃんは、お父さんのお母さんなんだ。」という父の言葉に、「わたし」は、どうして何も言えなかったのでしょう。

②「今度はわたしの番だからね。」という言葉には、「わたし」のどんな思いがこめられているでしょう。

③わたしが祖母にできることは、どんなことでしょうか。

④自分の家族が、話の祖母のように変わってしまった時、どのように接しますか。

例　わたしは、自分の家族が祖母のようになってしまったら、これまでと変わらないように接したいです。なぜなら、特別あつかいをしてしまうと、家族が変に感じてしまうと思うからです。今まで通りに接することが大切だと考えます。

おおきに、ありがとう

［　　］組　［　　］番

名前［　　　　　　］

①「わたし」が、和菓子をほこることができなかったのは、なぜでしょう。

②和菓子をほこることができない「わたし」の気持ちに共感できますか。

「わたし」の気持ちに共感（できます／できません）。なぜなら、

③「わたし」が、グエンさんにもらった気がした「大事な気持ち」とは、どんなものでしょう。

④和菓子のように、大切にしたい日本の伝統や文化には、どんなものがあるか調べましょう。

例　【もの】俳句《はいく》
【説明】五七五で表される詩。季語を必ず入れる。

【もの】

【説明】

他国の人々を理解して

小さな国際親善《こくさいしんぜん》大使

［　　］組［　　］番

名前［　　　　］

①お兄さんから料理を残したわけを聞いた時、芽衣は、どんなことを考えたでしょう。

②「だれもが国際親善大使になれるはずよ。」という言葉には、お母さんのどんな考えがこめられているでしょう。

③他国の人とのちがいがあった時、あなたならどうしますか。理由も書きましょう。

わたしは、相手に合わせます。なぜなら、その国の習慣や文化を知ることで相手をより深く理解できると思うからです。
わたしは、自分のやり方を教えます。なぜ自分がそのようにしているのかを相手に伝えることで、日本について知ってもらうきっかけになると思うからです。

Bさん　Aさん

わたしは、（相手に合わせます／自分のやり方を教えます）。なぜなら、

④他国の習慣や文化を理解するために、大切なことは何でしょうか。

例　わたしは「知らないことがあったら聞いてみること」が大切だと考えます。相手の行動で不思議に思うことがあったら、遠りょせず聞いてみることで新たな発見があると思います。これから他国の人の関わることがあったら、日本とのちがいを見つけたいです。

自分の特徴を見つめて
感動したこと、それがぼくの作品 ～パブロ・ピカソ

［　　］組［　　］番

名前［　　　　　　　　　］

①お話を読んで、一番印象に残ったことを一つ書きましょう。また、理由も書きましょう。

わたしが、一番印象に残ったのは、

②「ぼくにとって、感動したこと、それが作品なんだ。」とは、どういうことなのか、ピカソの考えについて話し合ってみましょう。

③自分の好きなこと、得意なことを続けてよかったと思うことがありますか。また、続けるために改めた短所はありますか。

例　わたしは大好きなバスケットボールを続けてよかったと思います。友達と話すのが得意ではなかったのですが、バスケットボールを通して友達と会話するようにしました。すると、学校でも話せるようになり、たくさんの友達ができました。これからも好きなことを通して苦手なことをこくふくしたいです。

伝統や文化を受けついで

親から子へ、そして孫へと

［　　　］組［　　　］番

名前［　　　　　　　　］

①健太が神楽を引きつごうと思うようになったのは、どのような理由からでしょうか。

②お話を読んで、健太の言動で参考にしたいことは何ですか。

わたしが健太の言動で参考にしたいことは、

③あなたの住んでいる地いきで、大切にされている文化や伝統には、どんなものがありますか。

例　わたしの住んでいる地いきでは、お祭りのときに大きなおみこしをたくさんの人でかついでいます。いろんな人があせびっしょりになって、かけ声をかけながらおみこしをかつぎます。おみこしをみんなでかつぐことで、地いきに住む人が交流する日になっています。これからも地いきの方と協力して、おみこしの伝統を大切にしたいです。

自分の生活を見直す

大きなじこをよぶ「ヒヤリ・ハット」

［　　］組［　　］番

名前［　　　　　　］

①教科書のイラストの中で一番危険だと思うものは何ですか。理由も書きましょう。

わたしは、

②自分の生活から、ヒヤリ・ハットをさがしてみましょう。

③安全にすごすためには、どのような心がまえで生活することが大切でしょうか。

例

安全にすごすために、何か行動する時は「もしかしたら〜かもしれない」といつも考えるように心がけることが大切です。「もしかしたら〜かもしれない」と先を予想することで安全な行動をいつもえらぶことができると思います。一人ひとりが安全な行動を取ることで、みんなが安全に生活できるので、これからも先のことを予想してすごしていきます。

きまりの意義

お客さま

［　　］組［　　］番

名前［　　　　］

①「お客さまなんですよ。」という男の人の言葉を聞いてびっくりした「わたし」は、どんなことを思ったでしょう。

②「なっとくできないな。わたしたちはお金をはらって入場しているんです。お客さまなんですよ。」という言葉に共感できますか。理由も書きましょう。

わたしは、共感（できます／できません）。なぜなら、

③ショーの会場を後にして、「わたし」は、どんなことを考えていたでしょう。

④きまりは、何のためにあるのでしょう。

例　きまりは、「みんなが気持ちよくすごすため」にあると考えます。きまりを守ることで相手を思いやり、おたがいが安心してすごすことができるからです。これからは、きまりの意味を考えて行動していきたいです。

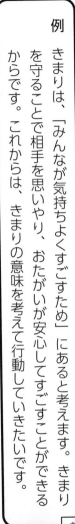

自由とは

うばわれた自由

名前［　　］組［　　］番［　　　　　　］

①ガリューの言う自由と、ジェラール王子の言う自由は、どこがちがうのでしょう。

②あなたがガリューだとします。相手が王子だと知った後も、話のガリューと同じ行動をとりますか。

③ろう屋から去っていくガリューを見て、ジェラール王は、どんなことを考えたでしょう。

わたしは、同じ行動を（とる／とらない）。なぜなら、

④「本当の自由」とは、どんなものでしょう。

例　わたしは、「本当の自由」とは「自分で責任をとらなくてはいけないもの」だと考えます。自由といっても、好き勝手なことをして周囲の迷わくになるのは相手の自由をうばうことになります。これからは、責任がとれるかどうかを考えて行動していきたいです。

さまざまな人の立場を考えて

マークが伝えるもの

【　　】組【　　】番

名前【　　　　】

①レストランで、理子は、どんなことに初めて気がついたのでしょう。

②ピクトグラムを考えた人は、どんな思いをこめてピクトグラムを作ったのだと思いますか。

③ピクトグラムとその意味を調べてみましょう。

〈例〉車いす

【　　】

④ピクトグラムと同じような考えで作られたものをさがしましょう。

〈例〉スロープ	車いすやベビーカーを使っている人に便利。

かけがえのない生命

クマのあたりまえ

[　　]組　[　　]番

名前[　　　　　　　　]

①お話をよんで、だれのどんな行動や言葉が一番心に残りましたか。理由も書きましょう。

②子グマはどんな思いで、「クマのほうがいいってわかったんだ。」と言ったのでしょう。

③「生きているからこそ、感じること、できること」には、どんなことがありますか。

例　生きているからこそ、友達や家族と大笑いできます。一緒に好きなことで遊んだり、おもしろい動画を見たりして友達や家族と大笑いできるのは生きているからこそです。これからも楽しいことをたくさん見つけて、みんなで笑いたいと思います。

国際理解・国際親善

同じ空の下で

名前[　　　　　　]　[　　]組　[　　]番

①Ⓐ Ⓑ Ⓒから一つ選んで、あなたの考えを書きましょう。

Ⓐトロフィーが、この女の子のたからものです。あなたにも、たからものがありますか？

Ⓑ目になみだをいっぱいためていますね。あなたは、どんなときに悲しい気持ちになりますか？

Ⓒあなたにも、いっしょにかたを組んで、笑いたくなるような友達はいますか？

②あなたと「世界中の子どもたち」との、さまざまな「同じ」をさがしてみましょう。

③あなたは、これまでに外国の言葉や文化にふれたとき、どんなことを考えたり、思ったりしましたか。また、これからどのようなかかわり方をしていきたいと思いますか。

例　授業で英語を学んで、英語で友達と話すのがとても楽しくなりました。初めて知った言葉を使うのが楽しいので「もっと話したい」と思ったからです。これからは海外の人と話す機会を増やして、外国の文化を知りたいです。

友じょうを深める

友の命

名前［　　　］組［　　］番［　　　　　　　］

①「なんというばか者だ。」と、王様に言われているときのデモンは、どんなことを考えていたでしょうか。

②デモンの言動で、あなたが参考にしたいことは何ですか。

③あなたは、友達がいて本当によかったと思ったことがありますか。それはどんな時でしたか。

例　友達がいてほんとうによかったと思ったことは、なやみを聞いてもらったことです。クラス遊びのときに苦手な子とうまくいかないことを相談しました。相談したことで、気持ちがスッキリして、今ではだれとでも仲良く遊ぶことができるようになりました。わたしもいろんな友達のなやみを聞いて助けてあげたいです。

一本松は語った

［　　］組［　　］番

名前［　　　　　］

①お話を読んで、一番印象に残ったことは何ですか。理由も書きましょう。

②人間に「おまえはおらだちの希望だ。」と言われたとき、一本松はどんなことを考えたでしょう。

③自然との出会いで、心に残っていることを思い出してみましょう。そのとき、思ったり考えたりしたことはどんなことですか。

例　近くの公園にある大きな木との出会いが心に残っています。大きな木は日かげをつくってくれるので、わたしたちはその中ですずしくすごすことができます。自然はわたしたちの生活を助けてくれる大切なものだと思いました。これからも自然を大切にして生活していきたいです。

誠実《せいじつ》に生きる

千羽づる

[　　]組 [　　]番 名前[　　　　　　]

①熱が出てつるが折れなかったと言った時、南は、どんなことを考えていたでしょう。

②だまっていればわからないのに、南は、どうしてなやんでいるのでしょう。

③あなたが南だったら、本当のことを言いますか、だまっていますか。

わたしは、（本当のことを言います／だまっています）。なぜなら、

④誠実に生きるには、どんな心が大切なのでしょう。

例　わたしは、誠実に生きるには「すなおな心」が大切だと考えます。お話のように本当のことを言うべきでも、言いにくいときはあると思います。そんな時は、自分の心にすなおになってどのように行動するべきなのか考えたいです。そうすれば、誠実に生きることができると考えます。

わたしは、誠実に生きるには「　　　　　　　な心」が大切だと考えます。

精いっぱい生きる

最後のコンサートチェロ奏者《そうしゃ》・徳永兼一郎（とくながけんいちろう）

［　　］組［　　］番

名前［　　　　　　　　　　］

①お話の中で、一番心に残ったことを書きましょう。

②兼一郎は、どんな気持ちで、東京でのコンサートに向けてチェロの練習を続けたのでしょう。

③チェロをひけるような状態ではなかった兼一郎が、ホスピスでのコンサートで演奏することをあきらめなかったのは、どんな思いがあったからでしょう。

④「精いっぱい生きる」とは、どういう生き方をすることでしょう。

例　わたしは「精いっぱい生きる」とは、自分のことを自分で決めたことに全力で取り組む生き方をすることだと考えます。他の人の話を聞いて参考にすることも大切ですが、最後は自分がなっ得して決めたことをやった方がよいと思うからです。これからは、自分で決めることを大切にして、様々なことにちょう戦していきたいです。

私は「精いっぱい生きる」とは、

生き方をすることだと考えます。

家族に感謝して

おばあちゃんからもらった命

［　　］組［　　］番

名前［　　　　　　　　］

①病院のベッドで、めぐみさんは、どんな思いで自分を責め続けたのでしょう。

②めぐみさんは、どんなことを思いながら、指輪に語りかけているのでしょう。

③「おん返し」は、次のどちらがよいと考えますか。理由も書きましょう。

（1）形のあるものを返す「おん返し」

（2）形のないものを返す「おん返し」

わたしは（　　）の「おん返し」がよいと考えます。なぜなら、

④あなたは、だれに、どんな「おん返し」をしたいですか。

例　わたしは、サッカークラブのコーチにおん返しをしたいです。わたしが試合でシュートを外して落ちこんでいた時に、はげましてくれたからです。サッカーの試合でシュートを決めて、自分の成長を見せる「おん返し」をしたいと思います。

自然を守る

イルカの海を守ろう

[　　]組 [　　]番　名前[　　　　　　]

①地元の人たちは、どのような考えからイルカの海を守っていこうとしているのでしょうか。

②お話の中に出てくる次の問題の中で、一番問題であると考えるのはどれですか。理由も書きましょう。

（一）車の問題
　車がふえ、はい気ガスで空気がよごれたり、そう音がひどくなったりすること。

（二）ごみ公害
　ゴミを置いていかれ、プラスチックやビニールをイルカが飲みこんでしまうこと。

（三）海水のおせん
　無計画な森林ばっさいなどにより、地ばんがゆるみ、土砂くずれで土が海水に流れこんでしまうことで、海がにごってしまうこと。

わたしは（　　　　　　　　　　）が一番問題だと考えます。なぜなら、

③身近な自然を守るためにできることは、どんなことがありますか。自分の考えを書いて、話し合ってみましょう。

例　ペットボトルのゴミを出さないように、買い物や出かける時は水とうを持っていくようにします。水とうを持っていくことで、飲み終わっても捨てないので、ゴミをへらすことができると思います。これからも自然を守るためにできることを考えていきます。

集だんの中の自分の役わり

バトンをつなげ

［　　］組　［　　］番

名前［　　　　　　　　］

①「わたし」は、市川さんとかたづけをしながら、どんなことを思ったでしょう。

②お話の中で、あなたが参考にしていきたいことは何ですか。理由も書きましょう。

わたしが参考にしたいことは、

③自分たちの学校のよさにはどのようなものがありますか。話し合ってみましょう。

例　わたしの学校のよさは「自分からあいさつをする」ことです。朝登校する時に、先生たちや近所の方に自分からあいさつをする人が多いです。学校にいる時には知らない大人の方でも「こんにちは」とあいさつをしています。これからもあいさつを大切にする学校にしていきたいです。

その遊び方、だいじょうぶ？

［　　］組［　　］番
名前［　　　　　　　　　　］

①ゆづるさんに、個人じょうほうをインターネットに流すことはきけんだと言われて、おさむさんはどんなことを考えたでしょう。また、それはなぜでしょう。

②インターネットやSNSを使うときに気をつけることはなんですか。

③出された意見の中で、一番よいと考える方法を書きましょう。

④自分やほかの人の個人じょうほうを守るために、気をつけていきたいと思っていることはありますか。

例　わたしが気をつけていきたいことは自分や友達が写っている写真や動画をのせないことです。インターネットではだれが、いつ見ているかわからないので、のせないように注意しています。これからも使い方に気をつけていきたいです。

くじけないで
世界最強の車いすテニスプレーヤー
―国枝慎吾（くにえだしんご）

[　　]組　[　　]番
名前[　　　　　]

①記録会で負けた帰り道に「もう、やってられないな。」と言った時、「ぼく」は、どんなことを思っていたでしょう。

②国枝選手の番組を見た後に「よし、やるしかないな。」と言った時、「ぼく」は、どんなことを考えていたでしょう。

③体が不自由になり、自分の好きなことを続けるのがむずかしくなったとします。それでも、あなたは好きなことを続けますか。理由も書きましょう。

わたしは、好きなことを（続けます／止めます）。なぜなら、

④国枝選手の生き方から、あなたはどんなことを学びましたか。

例　わたしは、国枝選手の生き方から「あきらめないことの大切さ」を学びました。たとえ車いすの生活になって自由にできないことがあっても、自分ができることを精いっぱい努力することで成果を出すことができると思ったからです。

わたしは、国枝選手の生き方から「　　　　」を学びました。

生きる喜び

アンパンマンがくれたもの

［　　］組［　　］番　名前［　　　　　　］

①「アンパンマンのマーチ」にある「生きるよろこび」とは、何だと思いますか。

②「アンパンマンのマーチ」の何が、人々の心を動かしたのでしょう。

③「人のために生きること」と「自分のために生きること」のどちらが大切だと考えますか。

わたしは「（人のため／自分のため）に生きること」が大切だと考えます。なぜなら、

あなたの「生きるよろこび」は、何ですか。伝わるように書きましょう。

例　わたしの「生きるよろこび」は、人にありがとうと言ってもらうことです。だれかに感謝してもらえると、役に立っていると感じることができるからです。これからも、人に役立つことをたくさんしていきたいです。

わたしの「生きるよろこび」は、

です。

時と場をわきまえ、真心を持って

心を形に

「　　」組「　　」番 名前「　　」

①主人公の次の行動に共感しますか。理由も書きましょう。

歩道を行く人にあいさつをしても、だまって通りすぎる人が多かった。あいさつが返ってこないから、損をしているみたい……。だんだんと、道行く人に対しては、あまり声が出なくなっていた。

わたしは、この行動に共感（します／しません）。

②「わたし」が考えている「自分からあいさつすることのだいじな意味」とは何でしょうか。

③あいさつのほかにも心を形にする方法がないか、身の回りを見つめて考えてみましょう。

例　心を形にする方法として、手紙を送る方法があります。感謝やお礼の気持ちを手紙に書いて送ると、相手はうれしくなると思います。今はメールやSNSを使えばすぐに連絡をとることができるけれど、手紙は残るし、自分の字で伝えることができるよさがあると考えます。

自分の特徴《とくちょう》を見つめて

あこがれのパティシエ
～好きな道を歩む

［　　］組　［　　］番

名前［　　　　　　］

①遠藤さんは、どんな思いや気持ちでケーキをつくり続けてきたと思いますか。

②人にはそれぞれ「長所」と「短所」があります。「長所をのばすこと」と「短所を直すこと」どちらのほうがより大切だと考えますか。理由も書きましょう。

わたしは、（長所をのばすこと／短所を直すこと）がより大切だと考えます。

③自分の長所や改めたい短所はどんなところですか。また、その長所をしょうらいどのように生かそうと思いますか。

例

長所　前向きに考えられるところ。

短所　すぐにあわててしまうところ。

わたしの長所は、前向きに考えられるところです。何か失敗してしまっても、「きっと次はうまくできる」と考えることができます。将来は、保育士になりたいと思っています。子どもと過ごすことは楽しいと思いますが、失敗してしまうこともあると思います。そんなときも前向きに考え、仕事を楽しみたいです。

社会や公共のために役立つ

うちら「ネコの手」ボランティア

［　　］組［　　］番

名前［　　　　　　　　］

①おばさんにおこられたとき、泣きなくなった麻美に由希はどう言ってはげましたと思いますか。

②避難所で生活することになり、友人といっしょにボランティアをすることにしました。あなたがしてみたいボランティアは次のうちどれですか。理由も書きましょう。

・食事を配る　・小さい子のお世話をする　・救援《きゅうえん》物資を運ぶ　・その他

わたしは、（　　　　　　　　）ボランティアをしてみたいです。

③Ⓐ・Ⓑどちらか選んで、自分の考えを書きましょう。

Ⓐあなたは、どんなボランティア活動をしたことがありますか。そのとき、どんなことを思ったり、感じたりしましたか。

Ⓑあなたは、これからどんなボランティア活動をしたいですか。また、それはどうしてですか。

例Ⓐわたしは、美化委員として、当番ではなかったけれど、花の水やりとゴミ拾いをしたことがあります。後で先生にほめられてうれしかったです。これからも、積極的に活動していきたいです。

Ⓑわたしは、海外に行って貧しい子どもたちの助けをしたいです。以前テレビで、なかなか学校に行けなかったり、食べ物に困ったりしている子どもの映像を見たからです。いつか実現したいです。

未来に向かって

まどさんからの手紙

[　　]組　[　　]番　名前[　　　　　　]

①「りっぱな　おとな」とは、どんな人だと思いますか。

②小学生は、どうして「たった　一かいきりのすばらしい『とき』」「すっごい『とき』」なのでしょう。

③次の二つの考え方のどちらにより共感しますか。

わたしは、いつでも目標をもっている方が良いと思います。小さな目標でも、それを達成するために、苦手なことにも挑戦《ちょうせん》してみようと思えるし、達成したときには喜びを感じることもできます。

Aさん

わたしは、目標はもたなくても良いと思います。ふつうの生活をしていく中でやりたいことができたらそれが自然と目標になると思います。無理に思ってもいない目標を立てるのはよくないと思います。

Bさん

わたしは（　　）さんの考えに共感します。

④まどさんからの手紙を読んで、がんばりたいな、挑戦《ちょうせん》してみたいな、楽しみたいなと思ったことはありますか。

例　わたしは授業中に意見を積極的に発表することをがんばりたいです。高学年になって、手を挙げて発言するのがはずかしかったり、まちがえることがこわくなったりして、聞くだけになることが増えてました。でも、これからは勇気を出して発言して、自分の考えをしっかりと伝えられる人になりたいです。

［　　］組［　　］番

名前［　　　　］

①今まで係を決めるときに、小春は、どうして手を挙げることができなかったのでしょう。

②小春は、どんな思いで手を挙げたのでしょう。

③自分の長所を知ることと、自分の短所を知ることでは、どちらがより大切だと思いますか。

わたしは、（長所／短所）を知ることがより大切だと思います。なぜなら、

④これからのばしていきたいあなたの長所はどんなところですか。

例　わたしの長所は、だれとでもすぐに仲良くなれるところです。クラスに転校生が来たときや、入学したての一年生のお世話をしたときにも、自分から話しかけることで、すぐに仲良くなれました。中学校に入学しても、新しい友達がたくさんできるよう、この長所を大切にのばしていきたいです。

くじけないで

自分を信じて―鈴木明子

[　　]組　[　　]番

名前[　　　　]

①次のような場面で、あなたは三人のうちのどの考え方により共感しますか。

わたしには、二年間がんばって続けてきた習い事があります。しかし、最近は前ほど上達している感じがしません。このまま続けるべきか悩んでいます。

Aさん

わたしなら続けます。二年も続けてきて、今やめたらもったいないと思います。

Bさん

わたしならやめます。新しいことを始めるチャンスだと思います。

Cさん

わたしなら少し休んで考えます。こうかいしないためには、そういう時間が必要だと思います。

わたしは（　　　）さんの考えに共感します。なぜなら、

②明子は、三回転の連続ジャンプの練習に、どんな気持ちでのぞんだのでしょう。

③くじけそうになったとき、明子を支えたものは、何だと思いますか。

④あなたにとって、これからもくじけずに続けていきたいものは何ですか。また、くじけそうになったときに、支えになりそうなものは何ですか。

例　わたしは、授業中の発言を続けていきたいです。それは、しょうらい、アナウンサーになって自分の言葉で事実を伝えられるようになりたいからです。わたしは、しょうらいの夢を支えにこれからも発言を続けていきます。

家族の幸せのために

おばあちゃんのさがしもの

名前［　　　］［　　］組［　　］番

①おばあちゃんといっしょに子守歌を歌った「わたし」は、どんなことを考えていたでしょう。

②家族の一人がお話のおばあちゃんと同じような様子になった時、あなたはどんなことをしたいですか。理由も書きましょう。

(例)・毎日話しかける　・いっしょに散歩に行く
・昔使っていたものを探す　・その他

わたしは、

③あなたは、家族のために役立つことをしたことがありますか。それはどんなことですか。

例　わたしは、家族のために食事の準備をしたり、部屋のそうじをしたりしたことがあります。食事の準備をした時は、わたしがつくった卵焼きを「おいしい」と言って食べてくれたので、とてもうれしかったです。これからも、家族のためにできることをやっていきたいです。

白神山地

［　　］組　［　　］番　名前［　　　　　　］

①白神の人たちは、どんな考えで林道計画に反対したのでしょうか。

②「自分たちの地域のよさ」を考えた時、どちらに共感しますか。

わたしは、地域のよさを考えたとき、そこに住む人のことが頭にうかびます。地域のそうじをしてくれる人、お店などで一生けんめい働く人、交通整理のボランティアをしてくれる人。そうした人こそが自分たちの地域のよさだと考えます。

わたしは、地域のよさを考えたとき、自然や商店街の店など地域の環境《かんきょう》が頭にうかびます。豊かな自然があったり、便利なお店があったりするから、わたしたちの生活は豊かになります。そうした環境《かんきょう》こそが地域のよさだと考えます。

わたしは、（　　　　）さんの考えに共感します。

③自分たちの地域には、どんなよさがありますか。そのよさを守るためにどんなことができますか。

例　わたしの住む地域のよさは、大きな公園があり、自然がたくさんあることです。休みの日には、家族でその公園に行って楽しみます。わたしは、その自然を守るために、ごみを持ち帰るなど、自分にできることをしていきたいです。

自然を守る

愛華さんからのメッセージ

【　　】組【　　】番　名前【　　　　　】

①愛華さんは、どのようなことを考えて、「地球の秘密」を書き上げたのでしょうか。

②次の環境《かんきょう》問題の中で、一番問題であると考えるのはどれですか。理由も書きましょう。

（一）地球温暖化（ちきゅうおんだんか）温室効果ガスのえいきょうにより、地球全体の気温が高くなること。

（二）海洋汚染（かいようおせん）海に捨てられた生活排水《はいすい》やごみによって、海の水がよごされ、海洋生物の生態系をくずしていること。

（三）水質汚染（すいしつおせん）生活排水やごみによって、海以外の場所（川や湖、地下水など）の水がよごされていること。

（四）大気汚染（たいきおせん）車や工場から出された排気《はいき》ガスなどによって、空気がよごされていること。

（五）森林破壊（しんりんはかい）開発などの人工的な伐採《ばっさい》により、森林が縮小してしまうこと。

わたしは（　　　　　　　　　　）が一番問題だと考えます。

なぜなら、

③あなたの住んでいる地球を守るために、あなた自身にできることは何でしょうか。

例　大気汚染への対策として、出かける時にはなるべく電車やバスなどの公共交通機関を使うようにしたいです。少しでも車から出る排気ガスを減らすことが大切だと思うからです。愛華さんのように、地球の環境問題に対して課題意識をもって生活していきたいです。

生活を見直す

なれなかったリレーの選手

[　　]組 [　　]番

名前[　　　　　　]

①早くねなくてはと思っていたのに、「ぼく」は、どうしてゲームがやめられなかったのでしょう。

②自分で自分が許せなかった「ぼく」は、どんなことを考えていたでしょう。

③主人公のゲームのように、なかなかやめられないものをやめる時、次の二つの考え方のどちらにより共感しますか。理由も書きましょう。

わたしは、だれかに注意された時にすぐにやめることが大切だと思います。夢中になってしまうと周りが見えにくくなることはだれにでもあります。気づかせてくれた人の言葉をすなおに聞くことが大切です。

Aさん

わたしは、自分の中でルールを決めて、それを自分で守ることが大切だと思います。人から注意されると、おたがいにいやな気持ちになるし、自立した大人になれないと思うからです。

Bさん

わたしは（　　　）さんの考えに共感します。なぜなら、

④あなたが、自分の生活で見直したいのは、どんなところですか。

例　わたしは、家族に注意される前におふろに入れるようにしたいです。親に「おふろがあいたから入りなさい。」と言われた時に、「はい」と返事はしますが、見たいテレビがあったり、おなかがいっぱいだったりすると、ついダラダラしてしまって家族に注意されます。めんどうに感じる前に、自分で動けるようになりたいです。

礼儀とは

礼儀正しいふるまい

［　　］組［　　］番
名前［　　　　］

①次のような場面で、あなたならどちらの行動を選びますか。理由も書きましょう。

> わたしの学校では、職員室に入る時に、学年・組・名前・用件を入り口で言うことになっている。ある日、職員室にいる担任の先生に授業のプリントを渡しに行くと、職員室には担任の先生と、昨年度の担任の先生がいた。当然、二人ともわたしのクラスも名前も知っている。
> Ⓐ…わたしのことを知っている相手なので、「失礼します」と言った後、すぐに用件を伝える。
> Ⓑ…知っている相手ではあるが、職員室に入るときのマナーとして、学年・組と名前を伝える。

わたしは、（　　　）の行動を選びます。なぜなら、

②「礼儀」について考えた陸は、自分なら、どのようにあいさつすると思ったでしょう。演じてみましょう。

③陸は、航大のどんなところを、「かっこよかったな。」と感じたのでしょう。

④この二つの出来事から、あなたは、礼儀正しいふるまいをするために大切なのは、どんなことだと思いますか。

例　礼儀正しいふるまいをするために大切なのは、その場に応じた対応をすることだと考えます。相手の立場や周りの様子を考えながら、行動していきたいです。

自分の役割を果たす

子ども会のキャンプ

[　　]組 [　　]番

名前[　　　　]

①みんなにつめ寄られたとき、明葉は、どんな気持ちだったでしょう。

②このキャンプは、なぜ明葉の心に残る思い出となったのでしょう。

③あなたは、次の明葉の行動の中で、どの行動が一番すばらしいと思いますか。

Ⓐ…カレーがこぼれた直後、さとしとむつみがどちらもけがをしていないか確認したこと。

Ⓑ…泣いているむつみをはげましたこと。

Ⓒ…他の班にたのんで、カレーを集めたこと。

Ⓓ…むつみがみんなにあやまるのを手伝ったこと。


わたしは、（　　　）の行動が一番すばらしいと思います。なぜなら、

④役割を果たす時に大切なのは、どんな考えでしょう。

例　わたしは、周りの人になっとくしてもらえるように、ていねいに説明することが大切だと思います。自分が必要だと考えた行動を、周りの人が同じように考えているか、わからないからです。これから委員会活動などで、みんながなっとくしているか確かめながら意見を言いたいです。

相手の立場に立って親切に

みんないっしょだよ～黒柳徹子《くろやなぎてつこ》

[　　]組[　　]番
名前[　　　　　　　　]

①黒柳さんの考える「みんないっしょ」とは、どのような心なのでしょう。

②黒柳さんの行動や考え方で、一番心に残ったことは何ですか。理由も書きましょう、

わたしが黒柳さんの行動や考え方で、一番心に残ったのは、

③あなたは「みんないっしょ」の心で、人と接したことはありますか。

例　わたしは、「みんないっしょ」とは、みんなが平等で助け合い、安心して生活することだと考えます。わたしは、たて割り班活動のとき、なかなか遊びに入れなかった一年生に声をかけ、仲間に入れたことがあります。これからも、「みんないっしょ」ということを心がけて生活していきたいです。

国際理解・国際親善

白旗の少女

［　　］組　［　　］番

名前［　　　　　　］

①ヘンドリクソンさんとやっと会えた富子は、どんなことを思ったでしょう。

②あなたが富子と同じ境遇《きょうぐう》になったとします。ヘンドリクソンさんに会いたいでしょうか。会いたくはないでしょうか。

（※境遇　その人がおかれた環境《かんきょう》、状態、人間関係などの状況《じょうきょう》のこと）

わたしは、

③国際理解や親善のために、わたしたちにどんなことができるか話し合ってみましょう。

例　わたしは、国際理解を進めるために、外国の文化を知ることが大切だと考えます。たとえば、日本では食事の時に、おわんを持って食べますが、テーブルに置いたまま食べる国もあると聞いたことがあります。相手の国の歴史やマナー、伝統的な食事などを知って、だれでも尊重できるようになりたいです。

多くの支えに感謝し、それに応える

土石流の中で救われた命

［　　］組［　　］番

名前［　　　　　　　　］

①船に乗ったとき、人々は、有村さんと前田さんに対して、どんなことを思ったでしょう。

②有村さんと前田さんは人々のために、必死に救助活動をしています。
そのなかで、あなたが一番心に残ったのは次のうちどれですか。理由も書きましょう。

・赤ちゃんをだいてふるえている久保田さんを、パトカーに乗せたこと。
・けがをしているなかでも、救助を続けたこと。
・人々を船が着けそうな岩場に連れていったこと。
・他の人々の避難を優先させ、最後の漁船に乗ったこと。

わたしは（　　　　　　　　）が一番心に残りました。
なぜなら、

③今の自分の生活が、家族やこれまでの多くの人々の支え合いや助け合いで成り立っていると思ったことはありますか。

例　わたしの地域には、毎朝通学路に立ち、登校の見守りをしてくれている「見守りパトロール」の方々がいます。夏の暑い日も、冬の寒い日もボランティアで活動してくれていて、ありがたいと思っています。これからも、感謝の気持ちをもっていきたいです。

ばかじゃん

［　　］組［　　］番

名前［　　　　　］

①月曜日の朝、真っ先にきのちゃんの席に向かう恵理菜は、どんなことを考えているでしょう。

②かおりとの気持ちがすれちがわないようにするためには、恵里菜はどの段階で、どうするべきだったのでしょうか。

③あなたにとって、友達とはどんな存在ですか。

例　わたしにとって友達とは、いつでもそばにいてくれて、自分の気持ちを理解してくれる人のことです。楽しいことを共有したり、なやみがあったら相談したりできる関係だと思います。これからも友達を大切にして、学校生活を送りたいと思います。

泣き虫

だれにでも公正・公平な心で

［　　］組［　　］番
名前［　　　　］

①次のような場面で、あなたは三人のうちのどの考え方により共感しますか。

クラスの中に、ある子のことを仲間外れにしようとしている友達がいます。意図的に仲間に入れないようにすることは、よくないことだとわかっていますが、その友達とどう接したらよいか迷っています。

Aさん

わたしは、仲間外れはよくないことだとはっきり言います。勇気はいるけど、先生などから言われても効果が低いと思うからです。

Bさん

わたしは、自分では言いにくいので先生に言ってもらいます。友達同士でも、小さなことで関係はこわれてしまうと思うからです。

Cさん

わたしは、何もしません。仲間外れをする人は、注意されても簡単に変わらないし、いやな気持ちになるなら、その子からはなれます。

わたしは（　　　）さんの考えに共感します。なぜなら、

②勇気に、「みんな、みんな、ひきょう者だ！」と言われたとき、「私」はどんなことを思っていたでしょう。

③「全く、勇気くんは変な子です。全く、勇気くんはすてきです。」という言葉には、「私」のどんな思いがこめられているでしょう。

④あなたはの周りでいじめがあったとき、どのようなことが大切だと考えますか。

例　わたしは、目をそむけないことが大切だと思います。見て見ぬふりをすることもできるけれど、いじめられている人はその間もずっと苦しみ続けます。いじめを見たら、大人に伝えるなど、できることを考えて行動していきたいです。

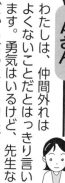

広い心で

この胸の痛みを

名前［　　　　］

［　　］組［　　］番

①朝実から「由希を無視しようよ。」と言われたとき、「わたし」は、どんなことを考えたでしょう。

②あなたなら、由希の行動に対して、次の二つの考え方のどちらにより共感しますか。

わたしは、すぐに声はかけるべきではないと思います。しばらく様子をみてはどうでしょうか。由希に声をかけることで、おこっている朝実との関係がおかしくなる可能性もあると思います。

わたしは、由希に声をかけるべきだと思います。由希の行動はたしかによくないですが、何か事情があったのかもしれないし、由希がかんちがいをしていた可能性もあります。

わたしは（　　）さんの考えに共感します。なぜなら、

③この後、「わたし」が由希に話しかけるとしたら、二人は、どんな話をすると思いますか。演じてみましょう。

④「広い心」とは、どんな心のことでしょう。

例　わたしは、相手の思いと自分の思いをどちらも大切にできる心が、広い心だと思います。これからは人から許せないと思う行動をされても、相手の立場や状態などから行動の意図を想像することを心がけたいです。

友達を信じるとは

ロレンゾの友達

［　　］組［　　］番
名前［　　　　］

①アンドレ、サバイユ、ニコライに共通する、ロレンゾに対する思いとは、どんなものでしょうか。

②あなたは、ロレンゾを待っているときの三人の意見のうち、どれに賛成しますか。

アンドレ……だまってにがす。
サバイユ……自首をすすめるが、なっとくしない場合はにがす。
ニコライ……自首をすすめるが、なっとくしない場合は警察に知らせる。

③アンドレ、サバイユ、ニコライの三人は、なぜ、かしの木の下で話し合ったことを、ロレンゾに言わなかったのでしょう。

④友達とは、どんな存在なのでしょう。

例　わたしは、たがいに困っているときに助け合えたり、気持ちを共有できたりするような存在が友達だと思います。これからは、今回のロレンゾの友達のように、相手の気持ちを一番に考えられる関係をつくっていきたいです。

相手を思いやって

今度は、ぼくの番

［　　］組［　　］番
名前［　　　　　　］

①「ぼく」や木原先生は、相手を思いやる気持ちを、手紙で伝えていました。思いやりの気持ちは、言葉にしないと伝わらないものでしょうか。

わたしは、相手への思いやりは言葉にしないと伝わらないと思います。心で考えていることは目に見えないし、言葉で伝えないとごかいされることもあると思います。

わたしは、言葉にしなくても伝わる思いやりもあると思います。いつもと変わらない様子で近くにいることが、相手を安心させることもあると思うからです。

Aさん　Bさん

わたしは（　　）さんの考えに共感します。

②「ぼく」の胸は、どうしてドキドキと音を立てたのでしょう。

③「今度は、ぼくの番です。」と言った時、「ぼく」は、どんなことを思っていたでしょう。

④あなたは、「思いやり」とは、どんなものだと思いますか。

例　わたしは、相手の気持ちを想像して、どうしてもらうのがうれしいか考える気持ちが「思いやり」だと思います。「ぼく」のように、行動にうつせなくても、相手の気持ちに寄りそえる人でいたいです。

法やきまり、権利と義務

ピアノの音が……

［　　］組［　　］番
名前［　　　　　　　　］

①（一）「権利」と「義務」について考えましょう。

（一）「権利」と「義務」の意味を調べましょう。

権利

義務

（二）学校生活の中で、あなたにはどんな「権利」と「義務」がありますか。

権利

義務

（三）（二）で書いた中で、あなたにとって一番重要な「権利」と「義務」を一つ選びましょう。

権利

義務

②管理会社で話し合ってルールをつくっても解決できなかったトラブルが、あっけない感じで解決されたのは、どうしてでしょうか。

③権利を主張するときに、あなたが考えておかなくてはならないことは、どんなことでしょうか。

例　権利を主張するときに大切なのは、相手の気持ちを考えることだと思います。自分にとって当たり前だったり、大切にしたいことだったりしても、相手にとってはちがうかもしれないからです。これからは、相手のことも考えて、権利を主張していきたいと思います。

かけがえのない生命

命の重さはみな同じ

[　　]組　[　　]番　名前[　　　　　　]

①甲斐《かい》さんが「命をつないでやってください。」とじゅう医さんに必死にたのんだのは、動物の命についてどのように考えていたからなのでしょうか。

②甲斐さんとじゅう医さん、あなたはどちらの考えに共感しますか。理由も書きましょう。

甲斐さん
このまま一生を終わらせては、あまりにかわいそうです。命さえあれば、この犬だって、きっと楽しいこともあると思います。なんとか命をつないでやってください。生きてさえいたら、きっと、いいこともあります。

じゅう医さん
左前足は、切断しなくてはなりませんよ。たとえ助かったとしても、かえってかわいそうなのでは？

わたしは（　　　　　　　）の考えに共感します。なぜなら、

③ⒶⒷどちらか選んで、自分の考えを書きましょう。

Ⓐ今まで「命の重さはみな同じ」と感じたり、考えたりしたことがありますか。それはどんなことですか。

Ⓑ「命の大切さ」を感じたことはありますか。それはどんな時ですか。

例Ⓐ飼っていた猫が死んでしまったことがあります。呼吸が小さくなっていき、命について考えました。人も動物も命は同じだと感じました。
Ⓑ妹の出産に立ち会ったことがあります。生まれてきたとき、命の大切さについて考えました。これからも一つしかない命を大切にしたいです。

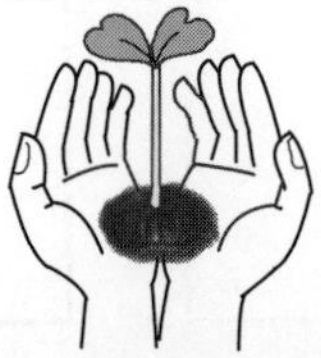

自然を大切に

海のゆりかご―アマモの再生

名前［　　　　］　［　　］組　［　　］番

①人間が便利で豊かな生活を送るために欠かせない産業の発展は、自然環境《かんきょう》へのえいきょうも少なくありません。産業の発展と自然環境の保護、どちらを優先させるべきか、あなたは次のどちらの意見に共感しますか。理由も書きましょう。

わたしは、産業の発展を優先させるべきだと考えます。生活の豊かさは環境に気を配る心のゆとりを生みますし、産業を発展させる研究が、環境へのえいきょうの少ない新しい産業につながることもあると思うからです。

Aさん

わたしは、自然環境の保護を優先させるべきだと考えます。産業の発展が森や海をよごし、自然災害や食料不足などの問題を起こしたと聞いたことがあります。自然の中で生きる人間には環境を守る責任があります。

Bさん

わたしは（　　）さんの意見に共感します。なぜなら、

②「わたし、考えが足りなかったな。」と言った時、桃子は、自分にはどんな考えが足りなかったと思ったのでしょう。

③桃子は、どうして「自分にも何かできるかな。」と考え始めたのでしょう。

④あなたはの周りにある、自然を大切にする活動に、どんなものがありますか。また、どのように自然と関わっていこうと思いますか。

例　わたしの学校では、使い終わった紙を雑紙として回収してリサイクル業者に渡しています。紙のリサイクルにも大量の水が使われると聞いたことがあるので、これからは裏紙を使ったり、委員会の連絡にタブレットを使ったり、くふうして紙の使用枚数を減らしていきたいです。

命の旅

[　　]組　[　　]番　名前[　　　　　　]

①「命の旅」を読んで、いちばん心に残ったのはどこですか。また、それはどうしてですか。

②あなたなら、好ききらいをすることに対して、次の二つの考え方のどちらにより共感しますか。理由も書きましょう。

わたしは、好ききらいは仕方ないことだと思います。食べようとする努力は必要だと思いますが、好みは人それぞれですし、きらいなものをむりに食べることで、食事が苦痛になるのは良くないと思います。

わたしは、好ききらいせずに全部食べることが大切だと思います。人間は生きるために、動物や植物の命をいただいているのに、きらいだという理由でそれらをごみにするのはまちがっていると思います。

わたしは（　　　）さんの考えに共感します。なぜなら、

③「ありがとう。いただきます。」には、どんな思いがこめられているでしょう。

④あなたは、「命の旅」とは、どんなものだと思いますか。

例　わたしは、命が命をいただいたり与えたりするつながりのことだと思います。これからは、自分の命も多くの生き物に生かされていることを自覚して、お茶わんに米つぶを一つも残さないなど、できることから取り組んでいこうと思います。

国際理解、国際親善

エンザロ村のかまど

［　　］組［　　］番
名前［　　　　　　］

①岸田さんは、どんな思いからエンザロ・ジコを考え出したのでしょうか。

②あなたが海外に行き、その国のために何か手助けをするとします。どんなことをしたいと考えますか。次の中から選び、理由も書きましょう。

（A）医療（いりょう）に関する手助け　（B）教育に関する手助け
（C）スポーツに関する手助け　（D）農業に関する手助け
（E）ものづくりに関する手助け　（F）その他

わたしは、

③こまっている外国の人々を手助けするために、あなたはどんなことをしていきたいですか。

例　わたしは、困っている外国の人々を手助けするために、積極的に募金《ぼきん》活動をしていきたいです。今すぐに外国に行って何かをすることは難しいと思いますが、募金をすることで困っている人を少しでも助けたいです。自分にできることをこれからも考えていきたいです。

自由と責任

修学旅行の夜

［　　］組［　　］番

名前［　　　　　　　　　］

①「修学旅行の夜、人にめいわくをかけないように気をつけておしゃべりをする。」ことは、「自由」か、「自分勝手」のどちらでしょうか。二つの立場に立って、議論してみましょう。それぞれ理由もかんがえてみましょう。

「自由」

「自分勝手」

②「自由」と「自分勝手」のちがいは何でしょうか。

③ⒶⒷどちらか選んで、自分の考えを書きましょう。

Ⓐ「自分勝手」にならないために、大切なことは何ですか。また、これからどうしていきたいですか。

Ⓑ自分をふり返ってみて、自由ではなく自分勝手だったことはないでしょうか。

例Ⓐ自分勝手にならないために大切なことは、いっしょにいる相手のことを考えることだと思います。これからは、みんなが気持ちよく過ごせるよう、周りのことを常に考えて生活していきたいです。

Ⓑ修学旅行の班決めで「三日間楽しく過ごすために、自由に決めたいです。」と意見を言いました。実際に班決めをすると、うまく決まらず一部の子から不満の声がでました。もっとみんながなっとくする方法を考えればよかったと思うので、これからは気をつけたいです。

法やきまり、権利と義務

星野くんの二るい打

[　　]組　[　　]番

名前[　　　　　　　　]

①チームのメンバーは、きまりを守ることについて、どんなことを考えたでしょう。

②バントを指示されたのに、自分の判断でバットをふった星野君の行動に賛成ですか。反対ですか。理由も書きましょう。

わたしは、星野君の行動に（賛成／反対）です。なぜなら、

③規則やきまりを守るのは、何のためでしょう。

例　規則やきまりを守るのは、みんなが気持ちよく過ごすためだと考えます。規則やきまりを守らないと、みんなが自分勝手な行動をしてしまいます。わたしはいつも学校の登校時間など、時間の決まりを守って生活をしています。これからも、心がけていきたいです。

なりたい自分に

心をつなぐ音色
～ピアニスト～辻井《つじい》伸行《のぶゆき》

［　　］組［　　］番

名前［　　　　］

①先生に「これ以上よくならないね。もうだめだね。間に合わない……。」と言われたあと、のぶ君はどんなことを思いながら一人でピアノに向かったのでしょう。

②のぶくんと同じようなことを言われたら、あなたは練習を続けるでしょうか。

わたしは、

③あなたの「なりたい自分」は何ですか。それに向かって、これから、どんな努力をしようと思いますか。

例　わたしは保育士になりたいと考えています。小さな子のお世話をするのが好きだからです。保育士にとって一番大切なのは、やさしさだと考えています。そのために、今からだれにでもやさしく親切に接していきたいです。

大切な権利

世界人権宣言から学ぼう

［　　］組［　　］番　名前［　　　　　　］

①あなたのクラスの「クラス人権宣言」を作るために、世界人権宣言の条文を一つだけ使うとしたら、あなたは何条を使いたいと思いますか。また、それはなぜですか。

わたしは第（　　）条を使いたいです。なぜなら、

②①で選んだ条文をもとに、クラス人権宣言の条文を考えましょう。

例　【友達の言葉よく聞こう】
人にはみんな意見を言う権利をもっています。互いの意見をよく聞いて受け止める態度を全員がもちましょう。

③「人には、自由に意見を言う権利がある。だから人の悪口を言ってもいいんだ。」という人がいたとします。その人に、世界人権宣言で言われていることを使って反論しましょう。

④人権が守られることには、どんなよさがあるでしょう。

例　人権が守られると、すべての人が安心して自分の考えをもったり、人と関わったりすることができます。わたしは、自分も人も大切にするために、相手の考えをすぐに否定することなく、受け止められるようにしたいです。

責任を自覚して

気に入らなかった写真

[　　　]組 [　　　]番 名前[　　　　　　　　　　]

①お姉さんは、どんな考えで写真を投稿《とうこう》したのでしょう。

②物語中の人物のやりとりについて、あなたは次のどちらの考え方に共感しますか。

グループでとった写真を友達同士で見られるようにするのは、今の時代なら当然のことだと思います。写真をとるときに里菜さんが「かみ型が気に入らないから写真は共有してほしくない。」と伝えれば、プリントした写真を配るなど、くふうすることができたと思います。

Aさん

写真をとったときに、「この写真、SNSで共有してもいい?」と写った人に確認するのは、当然のマナーだと思います。仮にいやだということを言えずにいる人がいても、表情などを細かく観察すれば、防げます。この人は確認もせずに写真をアップしており、マナーいはんです。

Bさん

わたしは（　　　）さんの意見に共感します。なぜなら、

③写真を投稿する前に、お姉さんはどんなことを考えなければならなかったのでしょう。

④あなたが、この読み物で学んだことは、どんなことですか。

例　自分ではよいと思った行動も、見る人が変われば失礼になってしまうことがわかりました。今後は何をするにも、だれかがいやな思いをしないか考えて行動したいです。そのために、よいことも悪いことも伝え合える人間関係を大切にします。

自分の心に誠実《せいじつ》に
手品師

[　　]組 [　　]番
名前[　　　　　　　　]

①友人の「いい話」を聞きながら、手品師は、どんなことを思っていたでしょう。

②手品師のとるべき行動について、あなたは、次の二人の意見のうちどちらにより共感しますか。

Aさん

わたしは、夢の大きなステージを選ぶべきだと思います。約束を守ることは大切ですが、一度きりの自分の人生を最優先に考えることはまちがっていないと思います。

Bさん

わたしは、約束を守って、男の子のところへ行くべきだと思います。約束を守ることは何より大切だと考えるからです。

わたしは（　　）さんの意見に共感します。なぜなら、

③手品師は、どうしてたった一人のお客さんの前で手品をすることを選んだのでしょう。

④あなたは、「誠実に生きる」とは、どんな生き方のことだと思いますか。

例　わたしは、自分の言葉に責任をもつ生き方が誠実だと思います。これからは、まちがった発言をしたとしても、まちがいに気づいた時点で、すぐに謝って訂正するような態度で人と関わっていきたいと思います。

みんな、おかしいよ！

名前［　　］組［　　］番［　　］

①和花（私）は、どうして本当のことを言ったら友達が減ると思っているのでしょう。

②おこっている真紀に言い方がきついことをはっきりと伝えるべきかという話題について、あなたは次の二人の意見のうちどちらにより共感しますか。理由も書きましょう。

わたしは、はっきりと伝えます。そのことで後で色々と言われたとしても、自分はまちがっていないと思えるし、何よりもだまっていては真紀のためになりません。

わたしは、だまって真紀の調子に合わせます。いくら正しいことだとしても、おこっている相手をその場で否定するのは、おたがいのためによくないと思います。

わたしは（　　）さんの意見に共感します。なぜなら、

③絵里子に「ありがとう」と言った時、真紀は、どんな気持ちだったでしょう。

④あなたは、相手に自分の気持ちを伝えるのが難しいと感じたことはありませんか。相手と理解し合うためには、どんなことに気をつければよいのでしょう。

例　わたしは、自分の行動を正論で否定されたときに、いやな気持ちになったことがあります。絵里子さんの「言ってることは、まちがってない。」のように、気持ちを受け止めてもらえると聞き入れられると思うので、これからは相手の思いを受け止めながら話せるように意識したいです。

自分の生活を見直す

お母さん、お願いね

［　　］組［　　］番
名前［　　　　　　］

①「自立」という言葉から思いうかべることを書き出し、ウェビングマップをつくりましょう。

自立

②①で書き出したことで、一番重要だと考えることを書きましょう。

③父の言葉にはっとしたとき、「わたし」はどんなことを思ったでしょう。

④これまで人をあてにしたり、わがままだったりしたことはありましたか。また、これからは、どのような自分でありたいと思いますか。

例　修学旅行のグループを決める時「仲良しの人で集まればよい」と考えました。その時は、みんなが楽しく過ごすために一番良い方法だと思っていましたが、実際にやってみるとうまくいかずに、わがままな考えだったのかもしれないと思いました。これからは、みんなのことを考えて、生活していきたいです。

言葉のおくりもの

［　　］組［　　］番
名前［　　　　　　］

①すみ子の「言葉のおくりもの」を聞いて、学級のみんながはくしゅをしたり、一郎とあくしゅをしたりしたのは、どうしてだと思いますか。

②すみ子は「言葉のおくりもの」の中で、自分の思いを伝えました。からかいがある今の状況《じょうきょう》を改善するために、他にはどんな方法がありますか。か条書きしましょう。

③出された意見の中で、一番よいと考える方法を書きましょう。

④よい友達であるためには、どのようなことが大切だと思いますか。

例　よい友達であるためには、相手のことを考えることが大切だと思います。「いつもいっしょにいるからだいじょうぶ」と考えるのではなく、「今、楽しめているかな」「いやな思いをしていないかな」と相手を気づかうことを心がけていきたいです。

かけがえのない生命

お母さんへの手紙

［　　］組［　　］番

名前［　　　　　］

①佐江子さんが「手術がんばろうね。」と書いたのは、どんなことを伝えたかったからでしょう。

②「お母さんへの手紙」の話の中で、一番に心に残ったところはどこですか。理由も書きましょう。

わたしは、（　　　　　　　　　　　　）が心に残りました。なぜなら、

③Ⓐ Ⓑどちらか選んで、自分の考えを書きましょう。

Ⓐ命の大切さについて、今まで家族の人と話し合ったことがありますか。それはどんなことでしたか。

Ⓑ「祖先から祖父母、父母、そして自分から子供へ」と命は受けつがれていきます。命のつながりについて考えたことを書きましょう。

例
Ⓐ重い病気の小さな子が、心臓の手術を受けて助かったという話を聞いた時、「命が助かってよかった」と家族で話したことがあります。これからも命を大切にすることを忘れずに、生活をしていきたいです。
Ⓑわたしには、すでになくなってしまった祖母がいます。直接会ったことはないけれど、祖母の命はわたしに受けつがれていると感じています。受けついだ命を大切にしていきたいです。

せいじつに明るい心で

手品師

①あなたが手品師だったら、次のうちどの行動をとりますか。理由も書きましょう。

条件　・男の子の連絡先はわからない。
　　　・大劇場に行くためには、今夜中に出発しなければならない。

（一）男の子の所へ行く。　（二）大劇場へ行く。　（三）その他の行動をとる。

わたしは、

②たった一人のお客様の前で、手品を演じているときの手品師の思いについて書いて、話し合ってみましょう。

③あなたは、そうしたほうがよいと思ったことを行動に移せたことはありますか。

例　わたしは、教室のそうじをしているとき、本だなに入っていた本が整理されていないことに気づきました。わたしの役割ではなかったけれど、本の整理をしました。きれいになって気持ちがよかったです。これからも、このような行動をとっていきたいです。

友達とは
コスモスの花

①「ぼく」が北山に初めていだいた「北山なんてー。」という気持ちには、どんな思いがこもっていたでしょう。

②あなたは注目をあびた北山の姿にしっとしてしまった「ぼく」の気持ちに、共感しますか。また、それはどうしてですか。

わたしは、「ぼく」の気持ちに共感（します／しません）。なぜなら、

③「ぼく」は、どうして「やめろよー。」と言ったのでしょう。

④友達とは、どんな存在なのでしょう。

例　わたしは、たがいのがんばりや苦労を認め合うことができるような存在が友達だと思います。わたしは、自分が苦手なことを友達がうまくできていると、つい、しっとしてしまって口を聞かなくなることがありました。でも、これからは、友達のよいところをすなおに認められるようにしていきたいです。

よりよい学校を目指して

六年生の責任って？

［　］組［　］番

名前［　］

①次のような結論になった時、学校はどのようになるでしょうか。

Ⓐ「ぼく」の意見を受けて、六年生が見回って片づけをした場合

Ⓑ横山さんの意見を受けて、六年生も美化委員会も片づけをしなかった場合

②この話し合いに参加した時、あなたならどの意見に賛成しますか。理由も書きましょう。

Ⓐ…六年生が見回って片づける
Ⓑ…美化委員会が見回って片づける
Ⓒ…六年生も美化委員会も片づけない
Ⓓ…その他

わたしは、（　　）の意見に賛成します。なぜなら、

③六年生の責任とは、どのようなものだと思いますか。

例　わたしは、行動で手本を示すことが六年生の責任だと思います。低学年のときに、校庭で転んだわたしにやさしくしてくれた六年生の姿を見て、あこがれをもちました。ろう下の歩き方やあいさつなど、基本的なことから下級生に手本を示して、学校を安心安全な場所にしていきたいです。

ぼくの名前呼んで

名前〔　　　〕　〔　　〕組　〔　　〕番

①親に言われたことにイライラした時、あなたならイライラした気持ちを親に伝えますか。

わたしはイライラした気持ちを（伝えます／伝えません）。なぜなら、

②太郎は、どんな気持ちで、「ぼくの名前呼んで。」と言ったのでしょう。

③父の手話から両親の思いを知った太郎は、どんな気持ちになったでしょう。

④「ぼくの名前呼んで」を読んで、あなたは、家族について、どんなことを考えましたか。

例　わたしは、親に困ったことやなやんでいることを伝え、相談することがあります。でも、わたしの親はこの話の「父」と同じように、わたしの前で弱音をはいたり、なみだを見せたことはありません。わたしも家族の一員として、支えてもらうばかりでなく、支えていけるようにしたいです。

法やきまりを守って

ここを走れば

[　　]組 [　　]番
名前[　　　　]

①父が路側帯を走らなかった時、「ぼく」はどう思ったでしょう。

②父のなみだを見ながら、「ぼく」は、どんなことを考えていたでしょう。

③もし、あなたが父と同じ立場になったら、路側帯を走りますか。理由も書きましょう。

わたしは路側帯を（走ります／走りません）。なぜなら、

④法やきまりは、人々のどんな考えによって支えられているのだと思いますか。

例　わたしは、多くの人々が安心して生活できる世の中を願って、法やきまりを守っているのだと思います。でも、今回の学習で人にはいろいろな事情があることもわかったので、法やきまりを守ることと同じくらい、その人の立場も大切にしたいと思いました。

田中正造

［　　］組　［　　］番

名前［　　　　　　］

①田中正造の行動で、「立派だな。素《す》晴《ば》らしいな。」と思うことを一つ書きましょう。理由も書きましょう。

わたしが、田中正造の行動で「立派だな。素晴らしいな。」と思うのは、

②「弱い者の立場に立って、ものごとを考える。」という母の教えをつらぬいた正造の生き方を、あなたはどのように思いますか。

③だれかに公平な態度で接することができたことはありますか。その時、どんな気持ちでしたか。

例　わたしは、仲のよい友達がそうじの時間に、しっかりと活動をしていなかった時に、「今はそうじをしよう」と言ったことがあります。少し勇気が必要だったけれど、そのあとそうじをしてくれたので、「言ってよかったな」と思いました。これからもだれにでも公平な態度で接したいです。

集団の中の自分の役割

せんぱいの心を受けついで

〔　　〕組〔　　〕番

名前〔　　　　　　〕

①自分の学校のよいところをか条書きしましょう。

②①に書いたことや意見を聞いた中から、自分の学校の一番よいところを書きましょう。

③広美は、なぜ米屋のおじさんに招待状を書いたと思いますか。

④あなたは、自分の学校をよりよくするために、どんなことを心がけていますか。

例　わたしは、放送委員会に入っています。朝や帰りに放送をしています。朝の放送では、みんなが気持ちよく一日を過ごせるように、明るい声で話すことを心がけています。帰りの放送では、明日の予定を伝えて、見通しがもてるようにしています。これからも自分の責任を果たしていきたいです。

義足の聖火ランナー
～クリス・ムーン

[　　]組　[　　]番　名前[　　　　　　]

①クリス・ムーンの行動や考え方で、「立派だな。素《す》晴《ば》らしいな。」と思うことを一つ書きましょう。理由も書きましょう。

わたしが、クリス・ムーンの行動や考え方で「立派だな。素晴らしいな。」と思うのは、

②聖火ランナーとして開会式に登場したクリス・ムーンは、これまでの自分の生き方をふり返ってどんなことを思ったでしょうか。

③こんなんや自分の弱さを乗りこえてよりよく生きるために、あなたはどんなことを大切にしたいですか。

例　わたしは、水泳を習っています。この前の進級テストで不合格になってしまいました。自信があったので、落ちこみました。しかし、「次は絶対に合格する」と決めて、練習することにしました。これからは、うまくいかないことがあっても、「次はできる」と自分に言い聞かせて、がんばっていきたいです。

新しい日本に〜龍馬の心

名前［　　　　］［　　］組［　　］番

①龍馬は、どんな考えから、薩長同盟を結ばせようとしたのでしょう。

②「日本のよさ」を考えたとき、どちらに共感しますか。

わたしは、日本のよさを考えたとき、日本人のことが頭にうかびます。日本人には、相手を思いやる国民性があると思います。だれに対しても親切に、やさしく接することができる日本人こそが、日本のよさだと考えます。

わたしは、日本のよさを考えたとき、自然や文化などが頭にうかびます。日本には美しい自然があります。また、和食や着物、最近では海外でも評価が高いアニメなど素《す》晴《ば》らしい文化があります。このようなものこそが日本のよさだと考えます。

③②で考えたこと以外に、これからも大切にしたい日本のよさとして、どんなものがあるでしょう。

例　わたしが大切にしたい日本のよさは平和であることです。平和であることは、日本の何よりのよさだと考えています。これからも日本が平和であるために、できることをしていきたいです。

その人のために
最後のおくり物

［　　］組　［　　］番　名前［　　　　］

①「せっかくここまで来たのにー。」とくちびるをかんだ時、ロベーヌは、どんなことを思っていたでしょう。

②ジョルジュじいさんはロベーヌのもとにお金を置いた時、差出人がわからないような置き方をしていました。人のために行動するときは、正体をかくした方がよいのでしょうか。

わたしは、正体をかくした方がよいと思います。思いやりは見返りを求めるものではありません。相手がわかると、期待に応えなければと思い、力が発揮できないこともあります。

わたしは、正体を明かすべきだと思います。おうえんしてくれる人の顔を思いうかべると、やる気がわきます。また、思いやりが正しく伝わらなければ意味がないと思います。

わたしは（　　　）さんの意見に共感します。なぜなら、

③ロベーヌが、ジョルジュじいさんからもらった「最後のおくり物」とは、どんなものでしょう。

④ジョルジュじいさんからの最後の手紙を読んで、ロベーヌは、どんなことを決意したと思いますか。また、あなたは、だれにどんな思いやりの気持ちを示したいと思いますか。

例　ロベーヌは、立派な俳優になって活やくする姿をジョルジュじいさんに見せようと決意したと思います。また、わたしは今回の話から、日々仕事をしながら生活を支えてくれている母の愛情を考えました。わたしも愛情をかけてくれた人を喜ばせられる大人になりたいと思いました。

郷土を大切に

ようこそ、菅島へ！

［　　］組［　　］番

名前［　　　　　　］

①純平は、どんなことを考えながらガイドをしているのでしょう。

②自分の住む街をしょうかいするとき、Aさん、Bさんどちらの考えに共感しますか。

わたしは、自分が気に入っているところを中心にしょうかいします。自分にしかできないしょうかいになるし、有名なものは、インターネットなどですぐに調べることができると思います。

わたしは、有名なものを中心にしょうかいします。旅行に出かけたとき、まずはその場所の有名な観光地に行きたいと思う人が多いと思うからです。

わたしは（　　　）さんの意見に共感します。なぜなら、

③純平は、どうして島の伝えたいことが後から後からあふれてきたのでしょう。

④自分が生まれた所や住んでいる所のよさやみりょくは、どんなことだと思いますか。また、あなたはその街のためにどんなことをしたいですか。

例　わたしが住んでいる街では、全国的に有名な花火大会が開かれます。全国から多くの人がおとずれるので、とてもほこらしいです。そんな大イベントがこれからもずっと開かれるように、少しですが毎年寄付をしています。これからも、寄付を続けていきたいです。

働く喜び

「働く」ってどういうこと？

［　　］組［　　］番

名前［　　　　　　　　　　］

①資料①・②を読みましょう。

宇都宮さんと関嶋さんは、仕事をしていくうえで、それぞれどんなことを大切にしているでしょう。

【宇都宮さん】

【関嶋さん】

②資料3は、仕事にやりがいを感じるときについてのアンケート結果です。あなたが仕事につくとき、いちばん重要になる「やりがい」はどれでしょう。理由も書きましょう。

（　　　　　　　　　　）だと思います。なぜなら、

③人は、何のために働くのでしょう。資料1・2を読んで考えたことや、資料3をもとに、話し合いましょう。

例　わたしは、自分の価値を高めるために働くのだと考えます。働けば、その分給料がもらえますが、それは自分の働きに対する価値だと思います。他人から認められて、自分の価値が上がることで満足感や達成感を感じられるのではないでしょうか。

心の美しさ

マザー＝テレサ

［　　］組［　　］番
名前［　　］

①マザーと医者とのやりとりについて、あなたは次の二つのうち、どちらの考え方に共感しますか。理由も書きましょう。

マザー側
助かる可能性が低くても、命ある人を見放すことはできない。だから、あなたがこの人を受け入れてくださるまで、ここを動きません。

医者側
どうせ死ぬに決まっている人間は、手当てのしようがない。カルカッタには、そういう人が何百人もいる。

わたしは、（　　　　）側の考えに共感します。なぜなら、

②マザー＝テレサの生き方を知って、あなたは、どんなところに心を動かされましたか。

③マザー＝テレサは、なぜ、死にゆく人々の手をにぎり続けたのでしょう。

④あなたは、「美しい心をもつ」とはどんなことだと思いますか。

例　わたしは、人の温かさに気づけることが、美しい心をもつことだと思います。だれかのために考えて行動したり、自分のことを思ってしてもらったことには感謝を伝えられるようにしたいです。

美しいもの、気高いもの、大いなるもの

夜空～光の旅

[　　]組 [　　]番 名前[　　　　]

① 「美しいもの」と言われて、思いうかぶものを書きましょう。

② 「気高いもの」と言われて、思いうかぶものを書きましょう。

③ 「大いなるもの」と言われて、思いうかぶものを書きましょう。

④ 「美しくて、気高くて、大いなるもの」と言われて、思いうかぶものを書きましょう。

「気高い」…気品がある。上品である。　**「大いなる」**…大きい。偉大《いだい》な。立派な。

⑤ 宇宙について、また、宇宙に存在し、「今」を生きている自分について、あなたはどんなことを考えましたか。

⑥ 自分の想像をはるかにこえたものに出会い、感動したことがありますか。話し合ってみましょう。

例　わたしは、沖縄に旅行に行ったときに、これまで見たことのないぐらい美しい海を見ました。真っ青で、どこまでも続いている海を見て感動しました。これからも、様々な美しい景色を見たいと思っています。

みとめ合う心

銀のしょく台

［　　］組［　　］番　名前［　　　　　　　］

①ミリエル司教に「あなたに差し上げたしょく台をお持ちなさいよ。」と言われて、ジャンはどんなことを思ったのでしょう。

②ミリエル司教は、銀の食器をぬすんだジャンを許しました。この行動に共感できますか、できませんか。理由も書きましょう。

わたしは、ミリエル司教の行動に共感（できます／できません）。なぜなら、

③ミリエル司教の気持ちを考えながらこの話を読んで、あなたはどんなことを考えましたか。

例　許すということは簡単なことではないと思います。しかし、ジャンのことを信じて、ぬすみを許したミリエル司教は立派だと思います。一方で、許すことが本当に正しいことなのかなやんでしまいます。ジャンにとって、またミリエル司教にとってどうすることが一番よかったのか、改めて考えたいと考えました。

つながる命

三十八億年の命

[　　]組　[　　]番
名前[　　　　　　]

①筆者は、「人間以外のすべての生き物の命も大切です」と述べています。現在新薬開発のための実験や、伝染病《でんせんびょう》の拡大防止などの理由で、飼育されている動物が人間に殺処分されています。この事実は仕方のないことでしょうか。

わたしは、仕方のないこと（である／ではない）と考えます。なぜなら、

②筆者は、どうして「命は、あなただけのものではない」と言っているのでしょう。

③「命は、あなただけのものではない」ということについて、あなたは、どんなことを考えましたか。

例　わたしは、生きていくために多くの命をいただいて生きています。また、わたしのことを命がけで守って育ててくれている家族もいます。自分一人では決して生きていけません。今生かされている命を大切にしながら生きなければならないと考えました。

五十五年目の恩返し

［　　］組［　　］番
名前［　　　　　　］

①杉原千畝《すぎはらちうね》は外務省の許可を得ずに、ビザを発給しました。あなたは、この行動を正しいと思いますか。また、それはなぜですか。

わたしは（正しい／正しくない）と思います。なぜなら、

②ユダヤ人たちは、どのような思いから神戸への援助《えんじょ》を申し出たのでしょう。

③まことは、ユダヤ人たちの感謝の気持ちを知り、どんなことを思ったでしょう。

③ⒶⒷどちらか選んで、自分の考えを書きましょう。

Ⓐ感謝の思いは、言葉や文化がちがっていても同じです。あなたは、顔も知らない相手に伝えたい感謝はありますか。また、それはどんなことですか。

Ⓑ「感謝することの大切さ」を感じたことはありますか。また、それはどんな時ですか。

例Ⓐ以前、習い事の帰りに大切にしていたハンカチを落としてしまいました。通った道を探すと、ハンカチが植えこみのはしにたたんで置かれていました。だれかはわかりませんが、感謝を伝えたいです。

Ⓑ委員会の仕事でウサギの世話をしていた時、校長先生から「いつもありがとう」と言われて、やってよかったと思えました。わたしもだれかががんばっている時、感謝を伝えられるようにしたいです。

他国の人々を理解して

「クメール絣《かすり》」の復興を目指して

［　　］組［　　］番
名前［　　　　　　　　］

①森本さんは、どうしてカンボジア伝統のクメール絣を復興させようと考えたのでしょう。

②森本さんの取り組みが、カンボジアの人々に受け入れられたのは、森本さんが、どんな考えをもっていたからでしょう。

③あなたは、外国のために力をつくすことについて、次のどちらの考えにより共感しますか。

わたしは、外国に行って活動したいです。森本さんのように外国で活やくする人は、みんな強い信念をもっていてかっこいいと思います。また、現地の人との交流を通して、自分のものの見方も広がると思います。

わたしは、日本国内で外国の支援《えん》を助けることをしたいです。国内での募金《ぼきん》活動や、支援物資を送る活動など、身近で自分にもできることをしていきたいです。

わたしは（　　）さんの意見に共感します。なぜなら、

④他国の人々と理解し合うためには、どんなことが大切でしょう。

例　相手の国のことを理解しようとする姿勢が大切だと思います。世界には日本とは大きく異なる文化の国もあります。たがいの国での「当たり前」のちがいを否定せず、そこに興味をもって受け入れようとする態度を示せば、たがいにやさしく歩み寄ることができると思います。

自然を守る

タマゾン川

[　　]組 [　　]番

名前[　　　　]

①飼えなくなった生き物を多摩川《たまがわ》ににがす人の気持ちについて考えましょう。

②次の二つの考えに対して、どちらに共感しますか。

Aさん：わたしは、日本の在来種を守るために、外来種は駆除（くじょ）するべきだと考えます。もともとは人間の勝手でふえてしまったのかもしれませんが、日本固有の在来種を守ることこそが大切と考えるからです。かわいそうという気持ちもありますが、仕方がないのではないでしょうか。

Bさん：わたしは、日本の在来種を守るためであっても、外来種は駆除するべきではないと考えます。外来種であっても自然の中で生きている生き物であることには変わりがないし、在来種と共存できるかもしれません。駆除することこそ、人間の勝手なのではないでしょうか。

③自然や生き物とふれ合ううえで、大切にしたい心とは何でしょうか。

④あなたが考える、解決していく必要のある自然環境《かんきょう》の問題は何ですか。

例　わたしの考える、解決していく必要のある自然環境の問題は、海洋ごみ問題です。捨てられたプラスチックのふくろが海に流れ着き、ウミガメが食べてしまっているというテレビ番組を見ました。身近なふくろによって、このような問題が起きていることにおどろきました。これからは、エコバッグなどを活用していきたいです。

相手の立場になって親切に

心に通じた「どうぞ」のひとこと

［　　］組［　　］番
名前［　　　　　　　　］

①「ぼく」は次でおりるふりをして、その場をはなれました。同じ状況《じょうきょう》になったら、あなたはどうしますか。

②おじいさんにお礼を言われて、「心がやさしい気持ちでいっぱいになりました。」とありますが、それはどんな気持ちなのでしょうか。

③人のために心から願ったり、親切にしたりしたことがありますか。また、それはどんなことでしたか。

例　わたしは、兄のサッカーの試合を見に行ったことがあります。熱心に練習していたことを知っていたので「勝ってほしい」と心から願いました。これからも、おうえんを続けていきたいです。

自分の生活を見直す
「すんまへん」でいい

名前［　］
［　］組［　］番

① 「わたし」がおやじさんの言葉を聞いて、むねがいっぱいになったのは、どうしてでしょう。

② 「わたし」は何に対して「ほんとうに、悪いことをした。わたしが、いけなかった」と考えているのでしょうか。また、この後どのような行動をするべきなのでしょうか。

③ あなたは、あのときもう少し注意していればよかったと思ったことをはありますか。それは、どんなことですか。

例　わたしは、四年生のときに、不注意でかさをこわしてしまったことがあります。強い風がふいてきたので、かさを広げて遊んでいたら、骨組みが折れてしまいました。これからは、もっと注意をして行動をしたいです。

かけがえのない命

おじいちゃんとの約束

〔　　〕組〔　　〕番

名前〔　　　　　　〕

①ゲームの中での「死ねえ！」について、あなたは次の二つの意見のうちのどちらに共感しますか。また、それはなぜですか。

わたしは、たとえゲームの中の話だとしても「死ね」という言葉は使うべきではないと思います。無意識のうちに口ぐせになってしまって、日常会話の中でも出てしまうと取り返しのつかないことになります。

Aさん

わたしは、ゲームの中でならよいと思います。ゲーム中では実際にキャラクターが死ぬこともあるし、ゲームに集中している時まで言葉に気をつけていたら、ゲームを楽しむことができなくなります。

Bさん

わたしは（　　　）さんの意見に共感します。なぜなら、

②テレビを切った後の信二の「いかり」と、「なみだ」は、何だったのでしょう。

③信二は、「おじいちゃんとの約束」を、どんなふうに果たそうとしていると思いますか。

④「精いっぱい生きる」とは、どう生きることなのか、話し合いましょう。

例　だれかと比べずに、自分らしさを大切にして生きることだと思います。わたしは、勉強や運動をする時にどうしても友達と比べて考えてしまいます。でも、人にはそれぞれ得意や苦手があるので、すべてをふくめてその人のよさだと考えて生きていこうと思います。

わたしには夢がある

［　　］組［　　］番　名前［　　　　　］

① 「重い荷物は男子が持ちましょう。」は、差別でしょうか。あなたは次の二つの意見のうちのどちらに共感しますか。理由も書きましょう。

Aさん

わたしは、差別ではないと思います。体力面では男女での差があるし、スポーツでも男女分けて行われるものもあります。能力が異なるのに、全てを平等にしようとするのはまちがっていると思います。

Bさん

わたしは、差別になると思います。「男子は力もち」というのは偏見《へんけん》です。男子の中でも力の差があります。簡単に男女で分けずに、「重い荷物でも運べる人はいますか。」など全体に向けて声をかけるべきです。

わたしは（　　）さんの意見に共感します。なぜなら、

② 「マーティンの夢」とは、どんなものでしょう。

③ アフリカ系アメリカ人の人々は、どんな思いで運動を続けたのでしょう。

④ 「マーティンの夢」を実現するために、現代を生きる私たちは、どのような考えや行動をしていけばよいと思いますか。

例　はだの色やかみの毛の色などで判断せず、一人一人を大切に考える必要があると思います。たがいの個性を大切に考えて、いっしょに生きていくための方法を考えようとすれば、みんなが安心してくらせます。大人になっても、出身地や見た目などで人を判断しないように、気をつけたいです。

他国の人々と支え合いながら

エルトゥール号 ―友好の始まり

[　　]組　[　　]番

名前[　　　　　]

①村人たちは、なぜ自分たちの大切な食料を差し出してまで、乗組員たちを助けたのでしょう。

②「二つの国のきずな」とは、どのようなきずなでしょう。

エルトゥール号事件とは一八九〇年に和歌山県沖でおきた海難事故のことです。そうなんしたトルコの人達を、地元の人が必死に助けました。

③広末は、海を見ながら、どんなことを考えていたでしょう。

④この話のなかで、一番心に残ったところはどこですか。理由も書きましょう。

わたしが一番心に残ったところは、

⑤外国と支え合っていく関係をつくるために、わたしたちは一人の国民として、どんなことを大切にしていけばよいでしょうか。

例　わたしは、親切にしようとする態度を大切にしていきたいです。外国から来た人は、日本の生活に不安を感じている人もいると思います。外国から来た人に親切にし、日本に対してよい印象をもってもらえれば、支え合っていく関係をつくれると考えます。

かけがえのない生命

東京大空襲《とうきょうだいくうしゅう》の中で

［　　］組［　　］番　名前［　　　　　］

①話を読んで、だれのどんな行動や言葉が一番心に残りましたか。理由も書きましょう。

②看護婦さんたちは、どんな気持ちで「ここには患者《かんじゃ》がいるんです。」とさけんだのでしょう。

③人の命を守るために努力しているのを、見たり聞いたりしたことがありますか。そのとき、どんなことを思いましたか。

例　災害が起きた時に、消防署の人が救助をしている姿をテレビで見たことがあります。ボランティアの人や地域の人なども協力していました。命を守るためには、力をあわせることが大切だと感じました。これから自分もできることを考えて、協力していきたいです。

夢

なりたい自分に

[　　]組 [　　]番

名前[　　　　　　]

①「夢があったからこそ、今のぼくがいる。」という言葉は、どんな考えから生まれた言葉だと思いますか。

②「野球をとおして身についた心は、今もぼくの生活に生きている。」とあります。「野球をとおして身についた心」の中で、あなたが一番大切だと考えるのは、次のうちどれですか。理由も書きましょう。

・練習が苦しくてつらい時でも、乗りこえようとする心
・自分の練習ができない時でも、人のためにつくす心
・なっとくのいくまでがんばる、夢をあきらめない心

わたしが一番大切だと考えるのは、（　　　　）です。

なぜなら、

③目標に向かって努力したことで、自分自身が成長できたと感じたことはありますか。

例　わたしは、ダンスを習っています。先月、発表会がありました。少しでもよい演技をするために、家でも練習をしました。本番では、自分でもなっとくの演技ができたと思います。練習を重ねることの大切さを改めて感じました。これからも努力を重ねて、自分自身を成長させていきたいです。

青の洞門《どうもん》

美しいもの、気高いもの、大いなるもの

[　　]組　[　　]番　名前[　　　　]

①実之助の生きる目的はなんですか。

②了海の生きる目的はなんですか。

③洞門を完成させたことで、了海の罪はつぐなわれたのでしょうか。理由も書きましょう。

わたしは、了海の罪は（つぐなわれた／つぐなわれていない）と考えます。なぜなら、

④洞門が完成したあと、実之助がすべてをわすれて了海の手をにぎったのは、どうしてでしょうか。

⑤あなたは、これまでに、美しいもの、清らかなものに心を打たれたことがありますか。それはどんなことですか。

例　わたしは、これまでいろいろな親切を受けてきました。体調が悪い時に「だいじょうぶ」と心配してもらったり、一人でいる時に「一緒に遊ぼう」と言ってもらったりしました。とてもうれしかったです。こうした人の心は美しいものだと思います。これからは、わたしも身近な人に親切にしたいと思います。

小さな連絡船《れんらくせん》「ひまわり」

［　　］組［　　］番

名前［　　　　　　］

①菅原さんの行動や考え方で、一番心に残ったことを書きましょう。理由も書きましょう。

②「『ひまわり』よ。さあ、でかけるぞ！」と言って気仙沼《けせんぬま》港へ向かったとき、菅原さんはどんな思いを心に持っていたでしょう。

③自分の持っている役割《わり》や責任について、これまでの自分をふり返ってみましょう。また、これからは、どんなことを心がけていきたいと思いますか。

例　わたしは、給食委員会に所属しています。毎週月曜日に、校内のけい示板に、給食のこんだてを書く役割があります。先日、このけい示板を低学年の子が見て、「今日は何が出るのかな」と言っていました。みんなの役に立っていると思い、うれしかったです。これからも、自分の役割を果たしていきたいです。

真の姿を求めて

日本植物分類学の父 ―牧野富太郎

[　　]組 [　　]番 名前[　　　　　　]

①次の二つの意見のうち、どちらにより共感しますか。また、それはなぜですか。

研究で大切なことは、自分の興味を追究することだと思います。
研究で大切なことは、周りから求められていることを追究することだと思います。

わたしは（　　）さんの意見に共感します。なぜなら、

②初めて東京に出かけた時、富太郎は、どんなことを考えたでしょう。

③富太郎は、なぜ千五百以上の植物に名前をつけることができたのでしょう。

④ⒶⒷどちらか選んで、自分の考えを書きましょう。

Ⓐあなたは、何か探究したいものがありますか。それはどうしてですか。

Ⓑあなたが、何かを探究する時、大切にしたいことは何ですか。

例Ⓐわたしは、全国のおいしい食べ物について探究したいです。食べることが好きだし、現地に行くことで日本の新しいみりょくに気付くことができるからです。

Ⓑわたしは、人の役に立つことを大切にしたいです。自分が探究してえたもので、人が笑顔になったら、とても幸せに感じるからです。

自由を実現させる心

スイッチ

［　　］組［　　］番

名前［　　　　　　　　］

①「そんなこと分かっている。でも、家にいるときくらい、自由にさせてほしいよ。」この佐希の考え方に共感しますか。また、それはなぜですか。

わたしは共感（します／しません）。なぜなら、

②「家にいるときくらい、自由にさせてほしいよ。」と思っている「私」の「自由」とは、どんなものでしょう。

③心の中で、確かにスイッチが入ったのを感じた「私」は、どんなことを考えたでしょう。

④あなたは、「自分で自分の生き方を決める自由」とは、どのようなものだと思いますか。

例　自分がいつどこでだれと何をどんなやり方でやりたいのかを考え、行動に移すことができる自由だと思います。これまでは、自分の好きなことだけをするのが自由だと思っていましたが、本当の自由には責任がついてくることを知ったので、よく考えて行動をしていきたいと思いました。

やりとげるために
小川笙船《おがわしょうせん》

名前［　　］［　　］組［　　］番

①笙船の生き方や考え方で、一番心に残ったところはどこですか。

②何百人もの患者《かんじゃ》であふれかえる養生所を取り仕切りながら、笙船は、どんなことを考えていたでしょう。

③養生所にみんなのえがおと拍手の音が広がったとき、笙船は、どんな思いだったでしょう。

④何かをやりとげるために必要なのは、どんな心でしょうか。

例　あきらめない心だと思います。一度や二度の失敗で心が折れてしまうようでは、どんな夢もかなわないと思います。わたしも、歯科医になって痛みのない虫歯治りょうを実現するという夢に向かって、ねばり強く進んでいきたいです。

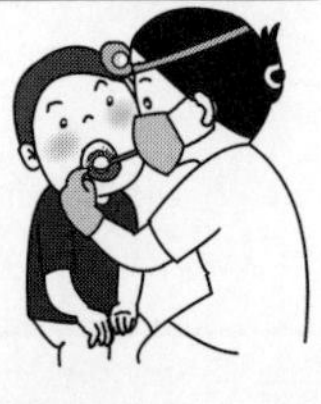

社会や公共のために役立つ

桜守の話

名前［　　］組［　　］番［　　　］

①「この仕事は、なによりもまず桜への愛情が必要なんです。」とあります。佐野さんの「桜への愛情」を最も感じる行動や考え方はどこですか。理由も書きましょう。

②佐野さんは、桜守としてどんな心を大切にしていますか。

③しょうらい、どんな仕事をしてみたいですか。それはどうしてですか。

例　わたしは、しょうらい動画を配信する仕事をしてみたいです。わたしは料理や手芸をするのが好きなので、小学生でも作れる料理のレシピやフェルトを使った小物の作り方などを配信したいです。見ている人にとって楽しいだけでなく、役に立つ動画を作成したいです。

真理を求めて

まんがに命を〜手塚治虫《てづかおさむ》
日本のテレビアニメの生みの親

［　　］組　［　　］番　名前［　　　　　　］

①シリーズもののテレビアニメをつくる決心をした時の治虫は、どんなことを考えていたのでしょう。

②治虫は次々と新しいことにちょうせんしていきました。次の中で、一番印象に残った出来事は何ですか。理由も書きましょう。

Ⓐまんがに映画的な手法を取り入れたり、ストーリーに変化をつけたりと、くふうしたこと。

Ⓑあわただしい日々の中でも夢を忘れず、アニメを制作したこと。

Ⓒ三十分ドラマとして国産第一号テレビアニメシリーズ「鉄腕アトム」を作ったこと。

わたしが一番印象に残った出来事は、（　　　　　）です。なぜなら、

③進んで新しいものを求め、よりよくしようとしたことがありますか。それはどんなことかを書いて、発表してみましょう。

例　わたしたちの委員会では、毎年ユニセフへのぼきん活動をしています。今年は、募金活動の意義を知ってもらうために、動画を作成し、全校児童に見てもらいました。すると、たくさんの子がぼきんを持ってきてくれました。これからも、自分で考えてくふうしながら活動をしていきたいです。

家の人と一緒に考えよう

あなたはどう考える？

[　　]組　[　　]番　名前[　　　　]

①前半の二人の保護者の意見で、より共感できるのはどちらですか。理由も書きましょう。

②後半の二人の保護者の意見で、より共感できるのはどちらですか。理由も書きましょう。

③あなたがスマートフォンとかしこくつきあうためには、どんなことが大切だと考えますか。

例　わたしがスマートフォンとかしこくつきあうためには、個人情報を守ることが大切だと考えます。自分の個人情報も、また友達や家族の個人情報もインターネット上にあげないようにします。ルールやマナーを守って、スマートフォンとつきあっていきたいです。

支えてくれた人々に

「ありがとう」の気持ちを伝える

［　　］組［　　］番　名前［　　　　　　］

①家族への「ありがとう」は日常的に伝えるべきでしょうか。理由も書きましょう。

Aさん

わたしは、日常的に伝えるべきだと思います。いつも言っていないと言うのがはずかしくなって、言えなくなってしまいます。食事のしたくや洗たくなど、やってもらって当たり前ではないことを理解するためにも、日常的に言うべきです。

Bさん

わたしは、たまに伝える方がよいと思います。家族にしてもらっていることはたくさんあります。自分にできる最高の恩返しが、感謝を伝えることだと思います。「ありがとう」を効果的にするためにも、たまに伝えるのがよいと思います。

わたしは（　　）さんの意見に共感します。なぜなら、

②「いつもありがとう」を書いた「ぼく」は、どんな気持ちで、お母さんに「ありがとう」と言ったのでしょう。

③「私を変えた震災《しんさい》体験」を書いた「私」の「毎日の生活への感謝」とは、どんなものでしょう。

④卒業を前に、あなたは、だれに、どんな感謝の気持ちを伝えたいと思いますか。

例　わたしは、水泳教室のコーチに感謝を伝えたいです。水泳の記録も学校の成績も悪くてなやんでいた秋ごろ、コーチが相談に乗ってくれたおかげで、気持ちを切りかえることができました。小学校卒業に合わせて水泳教室はやめてしまうので、感謝を伝えたいです。

よりよく生きるために

一さいから百さいの夢

［　　］組［　　］番

名前［　　　　　　　　］

①「一さいから百さいの夢」を読んで、一番心に残ったことを書きましょう。理由も書きましょう。

わたしは（　　）さいの夢が一番心に残りました。なぜなら、

②教科書の六人の夢の書き方を参考に、左のカードにあなたの夢を書きましょう。
また、写真をはったりイラストをかいたりしましょう。

さいの夢

（　　　　）

保坂雅幸（ほさか　まさゆき）
1980年　東京都生まれ
現在　武蔵野市立第一小学校　主幹教諭
TOSS立川教育サークル代表
TOSS青梅教育サークル所属
ICT授業活用サークルbit主催

◎ワーク作成
五年　植木和樹　小島庸平　田中悠貴
六年　青野翔　保坂雅幸
（いずれも東京都公立学校小学校教員）

◎参考文献
『新道徳授業が10倍イキイキ！対話型ワークシート題材70：全単元評価語一覧付』村野聡・保坂雅幸、学芸みらい社、二〇十九年
『国語〝説明文教材〟の新読解ワークシート26：コピーしてすぐ使える！全学年・全単元収録！』保坂雅幸、学芸みらい社、二〇二二年
『物語を楽しく深く読む！新国語ワークシート27：読解技法による文学の授業＝全学年・全単元収録』保坂雅幸、学芸みらい社、二〇二一年
『「道徳」授業の新法則（授業の新法則化シリーズ）』企画・総監修：向山洋一、編集・執筆：TOSS「道徳」授業の新法則 編集・執筆委員会、学芸みらい社、二〇一五年

道徳の主題　深く考えるワークシート　第3巻
有名教材で議論する授業《5・6年編》

二〇二三年七月五日　初版発行
著　者　保坂雅幸／植木和樹／小島庸平／田中悠貴／青野翔
発行者　小島直人
発行所　株式会社学芸みらい社
〒一六二-〇八三三
東京都新宿区箪笥町三一番　箪笥町SKビル3F
電話番号：〇三-五二二七-一二六六
https://www.gakugeimirai.jp/
E-mail：info@gakugeimirai.jp
印刷所・製本所　藤原印刷株式会社
企　画　樋口雅子
校　正　阪井一仁
装　丁・本文組版　橋本　文
カバー・本文イラスト　辻野裕美
落丁・乱丁本は弊社宛お送りください。送料弊社負担でお取り替えいたします。

ISBN978-4-86757-028-9 C3037